RÉSILIENCE MENTALE POUR LES ATHLÈTES

COMMENT LES ATHLÈTES PROFESSIONNELS ENTRAÎNENT LEUR ESPRIT À REMPORTER LE MATCH AVANT MÊME QU'IL NE COMMENCE

J.J. MILLION

J.J. Million

© Droits d'auteur 2022 - Tous droits réservés.

Le contenu de ce livre ne peut être reproduit, dupliqué ou transmis sans autorisation écrite directe de l'auteur ou de l'éditeur.

En aucun cas, l'éditeur ou l'auteur ne seront tenus responsables, et aucune poursuite judiciaire ne pourra être engagée contre eux, pour tout dommage, réparation ou perte pécuniaire résultant des informations contenues dans ce livre, que ce soit directement ou indirectement.

Avis juridique:

Ce livre est protégé par le droit d'auteur et est réservé à un usage strictement personnel. Vous ne pouvez pas modifier, distribuer, vendre, utiliser, citer ou paraphraser une partie ou le contenu de ce livre sans le consentement de l'auteur ou de l'éditeur.

Avis de non-responsabilité:

Veuillez noter que les informations contenues dans ce document ont un but éducatif et de divertissement uniquement. Tous les efforts ont été déployés pour présenter des informations précises, fiables, complètes et à jour. Aucune garantie d'aucune sorte n'est déclarée ou implicite. Les lecteurs reconnaissent que l'auteur ne fournit pas de conseils juridiques, financiers, médicaux ou professionnels. Le contenu de ce livre a été tiré de diverses sources. Veuillez consulter un professionnel agréé avant d'essayer toute technique décrite dans ce livre.

En lisant ce document, le lecteur accepte que l'auteur ne soit en aucun cas responsable de toute perte, directe ou indirecte, qui pourrait être encourue en utilisant les informations contenues dans ce document, y compris, mais sans s'y limiter, les erreurs, omissions ou inexactitudes.

TABLE DES MATIÈRES

Introduction   vii

1. TOUT EST DANS VOTRE TÊTE   1
   Définissons La Mentalité (ou l'état d'esprit)   3
   Pourquoi votre état d'esprit est-il si important?   6
   Estime de soi   7
   Perspective   8
   Saisir l'élan   9
   Faire face à l'adversité   9
   Atteindre l'objectif   10
   Mentalité flexible dans le sport   11
   La psychologie de la motivation   16
   Théorie de la Motivation Instinctive   17
   La théorie de la conduite   17
   Théorie de l'excitation   18
   Théorie humaniste   19
   Théorie de l'expectative   23
   Comment développer une mentalité gagnante   23
   Avoir du talent ne vous rend pas nécessairement successful   26
   Commencez avec des petits pas   27
   Renforcez votre caractère   28
   Ayez confiance en votre vision, faites confiance à vos instincts   29
   Prendre des mesures   30
   Exercices interactifs   31

2. LÀ OÙ VA L'ESPRIT, LE CORPS SUIT   33
   Le pouvoir de la visualisation   35
   Comment cela améliore la performance sportive   40

Renforcement de la force mentale	41
Cinq conseils pour visualiser comme un athlète olympique	44
Savoir ce que vous voulez	45
Soyez précis	46
Utilisez des images	46
N'oubliez pas de pratiquer	46
Combinez la visualisation à l'entraînement	47
Exercices interactifs	47
3. GÉRER L'ANXIÉTÉ LIÉE AU SPORT	**50**
L'anxiété dans le sport	54
Qu'est-ce que c'est?	55
Causes	55
Qu'est-ce qui augmente le risque de le souffrir?	56
Anxiété vs Excitation : Quelle est la différence?	58
Renommer l'anxiété comme de l'excitation	61
Faire face à l'anxiété de performance sportive	66
Exercices interactifs	67
4. CONFIANCE EN SOI ET RÉSILIENCE	**73**
L'Art Complex de Croire en Soi	76
Les pires peurs de l'athlète	78
Définissons la résilience	81
Comment la résilience impacte-t-elle le sport?	82
Exercices interactifs	83
5. DEVENIR ÉMOTIONNELLEMENT INTELLIGENT	**87**
Intelligence Emotionnelle: une Vue d'Ensemble	87
L'intelligence émotionnelle dans le sport	89
Améliorez vos émotions, améliorez vos performances	90
Exercices interactifs	94
6. VOTRE CHANCE D'INSPIRER QUELQU'UN D'AUTRE	**97**

7. FORT COMME L'ACIER	99
La Résilience Mentale chez les Athlètes	99
Son Importance dans les Sports	100
Exercices interactifs	102
8. FAIRE FACE À VOS PEURS	104
Peur de l'échec	104
Qu'est-ce que c'est?	105
Symptômes	105
Comment le surmonter?	107
la peur de manquer (parfois abrégée en FOMO pour "Fear Of Missing Out")	109
Exercices interactifs	112
9. LES ERREURS COURANTES COMMISES PAR LES ATHLÈTES	115
Erreurs de débutants	117
Erreurs de vétérans	118
Conclusion	121
10. IL EST TEMPS DE PASSER LE RELAIS.	126
Bibliographie	129

INTRODUCTION

L'impossible n'est qu'un grand mot lancé par des petits hommes qui trouvent plus facile de vivre dans le monde qui leur a été donné que d'explorer le pouvoir qu'ils ont de le changer. L'impossible n'est pas un fait. C'est une opinion. L'impossible n'est pas une déclaration. C'est un défi. L'impossible est potentiel. L'impossible est temporaire. L'impossible n'est rien.

— MUHAMMAD ALI

Mon histoire de course a commencé avant mon mariage, quand j'avais 30 ans. Comme tout homme avec un ventre, je voulais être mince pour le mariage. J'ai demandé à mon tailleur de me faire un costume deux tailles trop petit, et j'ai décidé d'essayer de rentrer dedans.

Comme tout athlète amateur, le début a été difficile, surtout avec ma façon d'être et la mentalité que j'avais alors.

Introduction

Au début, j'étais mon pire ennemi. Je sabotais mes chances de réussite en fixant des objectifs irréalistes et en me décevant lorsque je ne les atteignais pas (logiquement).

Un homme de 30 ans qui commence dans cette discipline doit d'abord apprendre à marcher avant de courir. Reconstituez le parcours progressivement avec des objectifs réalistes, concrets et surtout à court terme. Est-ce que j'aimerais courir le marathon de New York? Oui. Mais je ne pourrais pas le faire. Pas encore.

Le mariage était dans six mois, et j'étais convaincu qu'un peu d'activité physique et de souci pour mes repas serait suffisant pour répondre à mes attentes.

J'ai trouvé un parc près de chez moi et j'ai commencé à marcher.

Le circuit s'étendait sur trois miles du début à la fin. Cela semblait être une distance raisonnable, que je pouvais compléter en environ une heure à la vitesse d'un homme. Sans le savoir, un changement significatif commençait à prendre forme dans ma vie.

Au début, j'y suis allé deux fois par semaine, et parcourir tout le circuit me prenait environ une heure. Ensuite, quand j'en savais un peu plus, j'ai ajouté un autre jour d'entraînement. C'est ainsi que se sont passés les premiers mois, qui sont généralement très positifs. Dans mon cas, du moins, cet ennemi ne m'a que rarement attaqué au début du changement.

Si cela m'arrivait, et que je le remarquais clairement, je diminuais parfois le temps que je parcourais ces trois miles et je me remplissais d'enthousiasme. Mais dès que ce temps remontait, pour quelque raison que ce soit, je suis envahi par une profonde déception.

Jusqu'à ce moment-là, j'ai pratiqué d'innombrables sports tout au long de ma vie. Le judo quand j'étais au collège. Ensuite, au lycée, je me suis consacré au football, seulement pour découvrir mes propres limites avec la pratique de ce sport. La même chose m'est arrivée avec le basketball, la salle de sport et les routines de musculation.

Chaque fois que je sentais que je faisais des progrès, je perdais mon élan, ma motivation et mon enthousiasme si cela n'était pas maintenu dans le temps. Tout cet enthousiasme, cette motivation, ce désir de m'améliorer disparaissait du jour au lendemain.

Courir a changé certaines mauvaises habitudes mentales dans ma vie ; cependant, je ne sais toujours pas si la course était la discipline qui m'a changé... ou si j'avais déjà changé sans m'en rendre compte quand j'ai commencé.

La routine était plus ou moins la même. J'allais courir sur le même parcours, encore et encore, chaque semaine. La même distance exacte à la même heure (avec quelques secondes de plus ou de moins). Jusqu'à une nuit spécifique où un moment a changé ma vie.

Je courais avec un ami et nous sommes arrivés à une intersection. Le circuit continuait sur notre droite, avec cette dernière section de trois miles. Pendant des mois, nous avions fait cela sans aucun changement de parcours ni de modification. Alors j'ai essayé de tourner à droite cette nuit-là, mais mon ami est allé tout droit.

Il a complètement ignoré le parcours et l'a prolongé sans

me consulter. Je n'avais jamais couru plus de trois miles dans ma vie. C'était ma limite, mon chiffre magique. Non seulement je ne l'avais jamais fait, mais la possibilité de le réaliser, de dépasser cette distance, ne m'était jamais venue à l'esprit.

Mon ami m'a regardé en évitant cette courbe, comme s'il m'invitait à le suivre. Je me souviens parfaitement de ma réaction instantanée de méfiance et d'insécurité. Je suis sorti de ma zone de confort, de ce parcours que je connaissais comme le fond de ma poche. Je connaissais les trous du trottoir, les carreaux lâches et ceux qui se soulevaient à cause des racines des arbres qui avaient poussé.

Nous avons contourné ce détour et sommes revenus au chemin d'origine, plus loin sur la route. Lorsque nous avons fini la course, la distance finale indiquait 1,25 miles de plus sur l'horloge. J'avais dépassé pour la première fois de ma vie une limite que je m'étais imposée.

La déviation de mon ami, quelque chose d'aussi simple que cela, a été une révélation pour moi. Une vérité révélée qu'il m'a prouvé de manière irréfutable qu'il pouvait donner plus. Que personne ne connaissait mes limites, pas même moi.

À partir de ce moment-là, j'ai lâché prise. Ma tête a changé. Je courais différemment, je me sentais mieux. J'ai enlevé un sac à dos lourd et j'ai gagné en confiance. C'était la première fois de ma vie que je me sentais vraiment capable de quelque chose de nouveau. C'était la première fois que je me sentais complet.

Il ne m'a pas fallu un mois pour battre à nouveau ce record personnel. La deuxième fois, j'étais seul. Je n'avais plus besoin que mon ami me tende la main et m'invite à m'améliorer.

J'ai compris que je pouvais le faire sans aide. Et ainsi a commencé un chemin d'auto-amélioration, que je vous raconterai au fur et à mesure que nous aborderons les différents thèmes de ce livre.

Nous apprendrons des concepts essentiels de la psychologie du sport, et nous proposerons étape par étape des stratégies supérieures pour que vous puissiez atteindre vos objectifs.

Si vous lisez ceci, il est très probable que vous pratiquiez un sport et que vous vouliez vous améliorer. Vivre pleinement chaque instant, se livrer entièrement et accepter les résultats, qu'ils soient bons ou mauvais.

Si vous lisez ceci, vous avez connu des moments comme celui que je vous ai raconté, où le grand adversaire à vaincre est soi-même.

Indépendamment du sport que vous pratiquez, qu'il soit individuel ou en équipe, notre disposition mentale sur le terrain de jeu est essentielle. La bonne mentalité peut construire des carrières entières, des athlètes réussis et des réalisations sportives exceptionnelles.

Au contraire, une mauvaise mentalité lors de la pratique de n'importe quelle discipline sportive sera (sans aucun doute) préjudiciable. C'est un fait scientifiquement prouvé et répété ad nauseam par des athlètes de classe mondiale et des stars dans leurs sports respectifs. Pour vos objectifs, pour votre esprit et pour votre santé mentale.

Nous verrons différentes façons pour que notre esprit

soit en harmonie avec nous tout au long de cet écrit. Nous affronterons nos peurs et nos insécurités avec la ferme conviction qu'elles sont nécessaires. Elles ajoutent de la valeur à nos victoires et nous enseignent sur nos défaites, mais en aucun cas ne doivent-elles être les conducteurs du navire.

Nos peurs et nos insécurités seront des accessoires. Des satellites du plan principal.

Je vous invite à revenir sur les mots qui commencent cette brève introduction. Lisez la citation, analysez chaque mot. Chaque concept. C'est magnifique. N'est-ce pas?

Pensez à l'impossible comme une invention de ceux qui manquent de courage pour transcender. Les petits hommes et les femmes, contrôlés par la peur, se tiennent dans cette position confortable, croyant qu'ils ne peuvent pas être vaincus. Ils n'ont pas le pouvoir.

Pensez au mot impossible comme une opinion, et non comme un fait. Comme quelque chose totalement relatif et personnel. Propre à chaque être humain. Il y aura ceux qui considèrent que c'est un fait, et qui ne parviendront pas à briser la barrière de la peur.

Pendant ce temps, ceux qui considèrent l'impossible comme une opinion seront capables de lui donner l'entité qui lui correspond et de suivre leur chemin selon ce que leur dicte leur cœur.

Considérez le concept de l'impossible comme un défi à relever. Comme un marché potentiel pour des enseignements, des morales et de nouveaux défis. Comme une idée temporaire, comme une fantaisie qui disparaît une fois réalisée.

Et cela nous invite à considérer que rien n'est impossible si notre esprit, notre corps et notre cœur sont alignés sur nos objectifs. Il doit s'agir d'un alignement sincère qui grandit depuis les profondeurs de notre être et nous transforme structurellement.

Le ressentez-vous? Le percevez-vous? Allons-y!

1

TOUT EST DANS VOTRE TÊTE

Que pensez-vous si je mentionne le nom de George Clooney? Certainement, la première image qui vient à l'esprit est celle d'un acteur hollywoodien à succès. Talentueux, charmant, charismatique, voire millionnaire. Un exemple à suivre pour ceux qui veulent réussir dans leurs activités respectives.

Cette image que Clooney projette n'est qu'une partie de sa vie. Une portion de son histoire et des expériences qu'il a vécues. C'est la partie finale qui le représente en tant qu'homme déjà consacré. Je ne nierai pas que cela sert de source d'inspiration, comme un phare qui motive son désir de réussir.

Cependant, son succès ne représente qu'une partie de son histoire. Seulement un découpage partiel de sa vie nous indique qu'il doit y avoir quelque chose derrière cela. À un moment donné, il s'est déclaré être la pierre angulaire du début de sa carrière. Clooney n'est pas né en tant qu'homme accompli, talentueux ou millionnaire.

Avant même de songer à devenir acteur, George rêvait d'être joueur de baseball, comme la plupart des enfants de son Kentucky natal. Il allait au Great American Ball Park (le stade des Cincinnati Reds) avec ses amis et ensemble, ils entraient dans le stade pour regarder les matchs.

Là-bas, avec la vue sur la rivière Ohio dessinant le paysage en arrière-plan, Clooney a essayé de devenir joueur de baseball, passant des essais pour rejoindre l'équipe professionnelle des Reds. À l'époque, il avait 16 ans et faisait face à des jeunes adultes plus forts, plus talentueux et expérimentés dans ses essais, qui l'ont battu à plate couture. Cela a représenté un choc pour lui et sa famille. Ils étaient tous convaincus que son chemin de vie serait de devenir joueur de baseball professionnel. Cependant, il n'a pas été retenu.

À 18 ans, Clooney s'est retrouvé à reconsidérer toute sa vie. Il a fréquenté deux universités pour étudier le journalisme et n'a pas réussi à obtenir son diplôme. Finalement, il a compris qu'il devait commencer à travailler. Que faire à partir de ce moment-là si le destin avait déjà rejeté son plus grand souhait?

Au cours de ces années, entre 18 et 21 ans, Clooney a eu plusieurs emplois. Il a travaillé comme serveur et vendeur de rue. Pendant un moment, il a vendu des chaussures pour femmes et des costumes pour hommes. Il a même travaillé pendant quelques mois comme maçon. Tout cela sans envisager sérieusement de se consacrer à la comédie.

Lorsqu'il comprit qu'il voulait devenir acteur, il passa des années à se battre pour avoir une opportunité. Ce furent des années douloureuses durant lesquelles il fit face (comme la grande majorité des acteurs) au rejet presque constant du marché des auditions.

Quand il en eut assez de la négativité de l'industrie et qu'il comprit que, s'il continuait à faire la même chose, les résultats ne changeraient pas, il prit le contrôle de la situation. Il décida d'appeler d'autres grandes agences en se faisant passer pour un représentant. Une fois qu'il les avait contactées, il commença à se vendre. Il raconta aux autres agents l'histoire de ce mec, un nouveau talent cherchant à travailler dans le métier. Un certain Clooney. Qu'ils le remarquent. Il n'a pas obtenu un emploi de cette façon, mais a obtenu beaucoup d'auditions.

Il décida d'arrêter de se plaindre des opportunités qui ne se présentaient pas et prit les choses en main.

Il y eut tellement de réponses négatives qu'il apprit à les valoriser. À vivre avec elles et à devenir fort grâce au rejet. Sa première grande opportunité arriva en 1984, à l'âge de 23 ans. Son premier travail était ER. Le reste est de l'histoire.

Définissons La Mentalité (ou l'état d'esprit)

Nous pouvons définir la mentalité (ou mindset en anglais) comme l'ensemble des pensées, des croyances et des attitudes qui déterminent la façon dont une personne vit sa vie. Si le cerveau humain est un ordinateur, le mindset est le système d'exploitation qui le contrôle.

Il détermine nos idées, notre façon d'agir et de percevoir

les résultats de nos actions, ainsi que notre façon de faire face aux conséquences de notre comportement. En simplifiant, le mindset est la mentalité avec laquelle nous traversons la vie.

Grâce aux études menées par le Dr Carol Dweck (psychologue et professeur à l'université de Stanford) dans le domaine de la motivation et du développement de la personnalité chez les jeunes de l'école élémentaire, on peut distinguer deux types de mentalités ou mindsets: une mentalité fixe et une mentalité de croissance.

Le mindset fixe se produit lorsque les gens pensent que le talent est inné et que l'intelligence est une qualité suffisante pour réussir dans la vie. Ainsi, ils considèrent que les notes humaines sont des traits fixes et, par conséquent, ne peuvent pas être modifiés, perdus ni acquis.

Selon Dweck, dans un état d'esprit fixe, ils passent leur vie à documenter leur intelligence plutôt qu'à la développer. Ils croient que le talent permet de survivre sans effort.

Ces types de personnes ont tendance à se soucier de paraître intelligentes aux yeux des autres, avec une attitude peu réceptive à la critique (même si elle est constructive). Ils se sentent diminués lorsque les personnes de leur entourage atteignent leurs objectifs, ont un comportement méfiant et montrent des signes évidents d'insécurité.

Malgré le fait qu'ils se considèrent (ou croient) intelligents, ce sentiment d'insécurité interne les empêche de relever de nouveaux défis. Ils évitent constamment les défis et s'ils parviennent à sortir de leur zone de confort, ils abandonnent généralement l'idée au premier obstacle.

Ce sont des personnes qui cherchent la perfection, convaincues que c'est une possibilité définitive, sans comprendre que c'est un concept aussi abstrait qu'impossible. Personne ne sera jamais parfait.

Au contraire, ceux qui ont une mentalité de croissance sont engagés à dépasser leurs objectifs et à les atteindre grâce à l'effort et à la dédication. Ils ont une mentalité qui met la volonté avant tout comme un acte essentiel pour satisfaire leurs désirs et réaliser leurs ambitions.

Ces personnes conçoivent les compétences comme un ensemble dynamique, constamment en évolution et en mouvement de talents. Ils croient qu'ils peuvent améliorer toutes leurs capacités grâce à l'effort et à la pratique. Ils affrontent leurs objectifs sans excuses et marchent constamment sur le chemin qui les rapproche d'eux.

Nous verrons, tout au long du livre, comment cette mentalité continue d'apparaître. C'est parce que c'est celle que nous voulons tous incorporer dans nos vies, et celle partagée par une grande partie des athlètes de haut niveau.

Ils sont ceux qui comprennent que l'apprentissage est un processus qui prend du temps, de l'effort et du sacrifice. Ils considèrent que l'erreur est une partie intrinsèque liée à l'art de l'apprentissage et de l'amélioration. Ils savent qu'à travers eux, ils pourront enrichir leur expérience.

Pour cette raison, ce sont aussi des personnes qui acceptent les défis que la vie présente et se mettent au défi. Ils sortent de leur zone de confort pour apprendre de nouvelles choses, inspirés par le succès des autres. Ils sont également réceptifs et apprécient les critiques constructives, qu'ils considèrent comme faisant partie du processus d'apprentissage décrit ci-dessus.

La vérité est que nous sommes tous un mélange de mentalités fixes et de croissance. Peut-être que dans certaines zones de notre vie, nous sommes plus ouverts à l'idée de croissance, plus réceptifs et plus audacieux. Tandis que dans d'autres aspects ou moments, les caractéristiques de la mentalité fixe sont présentes. Il sera essentiel de faire face à ces moments, de reconnaître ce qui déclenche le mode de pensée fixe, de le comprendre et d'agir en conséquence.

Pourquoi votre état d'esprit est-il si important ?

L'état d'esprit avec lequel on aborde chaque minute est essentiel pour réussir. C'est un facteur essentiel qui influence (directement ou indirectement) tous les aspects de la vie, personnelle et professionnelle. Par conséquent, il sera crucial de comprendre quelle mentalité est positive pour nous et laquelle ne l'est pas.

Cette décision aura à voir avec notre caractère et notre personnalité. Incorporer une mentalité flexible dans nos vies sera un ingrédient crucial pour le bon avancement des projets que nous décidons d'entreprendre.

Le bon état d'esprit fait une grande différence entre ceux qui réussissent dans la vie et ceux qui ne le font pas. Ce sera la première variable à considérer lors de la réalisation de projets, de la fixation d'objectifs et de la visée de la réussite.

Si vous avez une idée et que vous souhaitez la consolider ou la mettre en pratique, vous devez maîtriser cet état d'esprit. Faites-en partie intégrante de votre vie. Ensuite, nous verrons différentes zones où une bonne mentalité influence directement.

Estime de soi

La programmation correcte de votre état d'esprit aura des effets positifs instantanés sur votre esprit et votre cœur. Le premier effet qui devient presque automatiquement évident est l'amélioration de l'estime de soi.

Un état d'esprit flexible avec une bonne estime de soi vous permettra de vous considérer capable d'atteindre tous les objectifs que vous vous fixez. Votre esprit se concentre sur ce dont vous avez besoin pour atteindre vos objectifs et met de côté les opinions des autres. Cela a à voir avec la façon dont nous nous percevons, comment nous mettons notre valeur à l'épreuve et ce que nous nous disons dans cette conversation interne qui construit la vision intégrale de notre être.

Nous avons tous une opinion formée sur nous-mêmes. J'ai analysé ce que je penserais de moi-même plus d'une fois si j'étais une tierce personne. Si je pouvais changer de perspective et me voir de l'extérieur. Dans mon cas, selon le jour et l'humeur, la réponse peut varier. Mais pas tant que ça. Toujours dans des marges saines.

En général, une estime de soi saine et un état d'esprit positif sont deux faces de la même pièce. Ce sont deux aspects corrélés entre eux. Dans ce cas, l'attitude doit être conçue comme un outil. Nous avons une ressource pour ouvrir la voie qui nous conduit à nos projets et nos rêves.

Nous devons comprendre que nous sommes responsables de nous-mêmes, de notre esprit et de la façon dont nous construisons notre ensemble de comportements à travers lui.

Rappelez-vous que nous ne sommes pas ce que nous disons, mais ce que nous faisons.

Perspective

La perspective est une partie essentielle de la façon dont nous nous percevons. C'est une qualité précieuse pour construire un chemin ferme vers le succès. Cela a à voir avec la façon dont nous lisons les choses qui nous arrivent dans la vie et leur effet sur notre esprit. La bonne perspective peut aider à dédramatiser les situations difficiles et les rendre moins importantes. Cependant, elle doit être utilisée de manière responsable et nourrie d'un état d'esprit positif.

Il sera décisif de traiter les informations et les expériences de notre vie quotidienne de manière saine et ordonnée. Apprenez à jouer intelligemment avec les cartes que le monde autour de nous nous donne. Construire un état d'esprit optimiste augmente les chances de réussir dans ce que nous entreprenons, en formulant une perspective positive pour faire face aux projets à long terme.

Saisir l'élan

Lorsque nous définissons un objectif important pour nos vies, le premier grand pas est de nous en rapprocher. Cette détermination que l'on adopte pour atteindre nos objectifs inclut le processus de s'engager de manière soutenue grâce à l'art de l'exercice de la volonté et de l'effort. C'est grâce à l'élan que l'on avance. Et bien qu'il soit naturel que, parfois, la motivation décline et que certaines structures vacillent, si l'on est clair sur l'objectif et que l'impulsion est suffisante, alors la probabilité de succès sera plus grande.

Bien diriger cette impulsion et la canaliser de manière positive pour concentrer les efforts et renforcer l'engagement est la clé du succès. Un élan bien dirigé vous permettra de maintenir la motivation et de soutenir l'effort dans le temps.

Faire face à l'adversité

Les adversités font partie intégrante du processus humain. Chaque chemin et objectif que vous vous fixez viendra avec sa part de difficultés, et adopter un état d'esprit positif est essentiel pour les surmonter.

Pour les mentalités flexibles, surmonter ces moments difficiles sera synonyme d'apprentissage. Celui qui voit le verre à moitié plein et peut interpréter positivement les événements qui lui sont présentés aura de plus grandes possibilités de soutenir l'effort et de réaliser ses objectifs.

Il est clair que lorsque quelque chose échoue, des sentiments de négativité surgissent. Ceux qui sont plus fragiles sur le plan mental ressentiront le besoin de jeter l'éponge, de baisser les bras et de quitter la course.

Cependant, les optimistes verront les choses différemment. Pour eux, les adversités sont des moments uniques et irrépétables qui enrichissent l'expérience d'apprentissage.

Grâce à un état d'esprit positif, vous pourrez assimiler le coup, le ressentir et le subir (car, après tout, nous sommes des êtres humains) et continuer votre chemin. Avec la force d'avoir été endurci, la conviction renouvelée et l'enseignement correspondant pour affronter les défis. La tête haute et le pas toujours sûr.

Atteindre l'objectif

Comme nous l'avons vu, fixer des objectifs est un processus qui implique de nombreuses variables. Tout d'abord, définir l'idée avec la sécurité nécessaire pour savoir que c'est effectivement ce que nous voulons atteindre. Ensuite, l'impulsion et la prise de décision activent la marche sur le chemin précédemment tracé. Cette marche est obtenue grâce à la sécurité et à la motivation personnelle.

Une fois que vous commencez à retracer votre chemin vers votre objectif, vous devez avoir la volonté de maintenir l'effort dans le temps et le courage de surmonter l'adversité. Vous devez vous armer de vos forces, vous appuyer sur les aspects de votre vie qui vous conviennent le mieux et faire un effort.

Construisez un état d'esprit approprié qui vous permette

de traverser les mauvais moments et de ne pas perdre l'inertie que vous avez acquise jusqu'à ce point.

Vous devez exercer votre courage, connaître les sacrifices à venir et surmonter les obstacles jusqu'au moment du succès - le moment de la réalisation.

À partir de ce moment-là, lorsque vous atteignez votre objectif, vous pouvez vous sentir satisfait d'avoir réussi. C'est l'indicateur, la fin du voyage. Plus tard, des périodes d'analyse réfléchie viendront.

Ainsi commence une période au cours de laquelle, avec l'objectif dans votre poche, vous pourrez sérieusement analyser le chemin parcouru, vos vertus et défauts, vos succès et erreurs. Vous pourrez équilibrer le coût et les avantages de cet objectif, ce que l'expérience a généré en interne et quelle enseignement elle vous a laissé.

Si vous vous considérez prêt à vous embarquer dans votre chemin et que vous avez ces étapes à l'esprit, alors incorporez une attitude positive et lancez-vous.

Mentalité flexible dans le sport

Si un athlète est parvenu à se démarquer dans n'importe quelle discipline, cela ne tenait pas seulement à son talent et à ses qualités innées, mais une grande partie de ce processus est mentale.

La plupart des athlètes de haut niveau ont une mentalité flexible, permettant une croissance et un apprentissage constants. Ce sont des professionnels qui comprennent parfaitement leurs capacités, leurs limites et les objectifs réalistes de leurs activités respectives.

Ce sont des perfectionnistes, axés sur les détails et méticuleux dans leur entraînement. Ils inspirent leurs coéquipiers et les invitent à s'améliorer et à maximiser leur potentiel, ce qui sera contagieux s'ils ont une attitude positive. Ils sont généralement les premiers à arriver et les derniers à quitter chaque entraînement.

Comme nous l'avons mentionné précédemment, peu importe le sport, qu'il soit individuel ou en équipe, un athlète qui se démarque est un athlète qui maintient une mentalité positive. Cette façon de voir les choses, appliquée à l'entraînement et à l'optimisation de leurs résultats dans la discipline qu'ils pratiquent, les aide à obtenir un avantage clair sur les autres.

Ce sont des athlètes qui ont un contrôle total sur leurs émotions. Ils savent que grâce à ce contrôle, en ayant leurs joies et leurs peines sous leur radar, ils pourront générer des changements positifs dans leur corps, leur vie et leur performance sportive.

Bien sûr, il y aura des moments difficiles, même pour les athlètes les plus performants. Les compétiteurs de haut niveau doivent faire face à une blessure, une baisse de performance, à la pression de leur entraîneur et aux attentes du public. Dans ces cas-là, rester positif est un défi.

Nous verrons quelques stratégies concrètes pour vaincre la négativité et adopter une mentalité qui élimine les limites auto-imposées.

Lorsque ces moments difficiles surviennent, que la frustration attaque ou que le pessimisme s'installe, il est essentiel de comprendre que la première chose à faire est de changer d'humeur. Concentrez-vous sur les aspects positifs sans vous enfermer dans les raisons déprimantes qui vous affectent ou qui affectent votre performance.

Lorsque l'on se fixe un objectif, quel qu'il soit, le chemin vers le but est rarement impeccable, sans encombre et dépourvu de défis, d'échecs ou d'adversités. Comme nous l'avons déjà mentionné, les obstacles font partie du parcours. Il est nécessaire d'en tirer des enseignements et de les considérer comme une partie naturelle.

Cependant, une chose n'enlève pas l'autre. Autant on peut avoir une mentalité positive, flexible et de croissance, les obstacles nous affectent. Il n'y a pas moyen d'y échapper.

Nous pouvons remonter le moral, et pour cela, les options sont variées et très personnelles. Certaines personnes écoutent de la musique ou sortent avec des amis. Elles y expriment leurs peines et essaient de changer leur état d'esprit.

D'autres consacrent une partie de leur temps à des passe-temps, prennent de longs bains relaxants, lisent un livre ou jouent avec leurs enfants. Tout ce qui fonctionne pour vous, tout ce qui change votre mentalité, vous ramène dans la zone positive, vous fait sourire, sera valable et nécessaire pour surmonter les obstacles.

Une autre option est de faire une pause. Ce n'est généralement pas le premier choix des athlètes. Rarement décident-ils de s'arrêter un moment, de récupérer de l'énergie et de continuer. Ils ont tendance à croire que l'acte de freiner est contre-productif et que se reposer est une perte de temps. Pour eux, ralentir et faire une pause, c'est permettre à leurs concurrents de s'améliorer, ce qui est inadmissible.

Cependant, il est essentiel de connaître son temps pour pouvoir se reposer sans perdre de terrain sur la concurrence. Vous pouvez vous arrêter un instant, repenser les choses et revenir rafraîchi. Parfois, un pas en arrière est valable s'il signifie faire deux pas en avant.

Une autre stratégie productive pour surmonter les obstacles et rester positif tout au long du chemin est l'exercice d'auto-dialogue. Diverses études psychologiques ont montré que maintenir un dialogue interne constant améliore les performances dans différentes disciplines sportives. Ce lien avec l'augmentation des performances a à voir avec ce qui est dit et cru. Un état d'esprit dans lequel vous commencez à croire en ce que vous vous dites. Et donc, vous pouvez atteindre ce que vous croyez.

Certains athlètes répètent des mantras. D'autres se mentalisent à partir de la concentration ou visualisent leur famille et leurs amis. Ils prennent des choses positives de leur vie et les intègrent dans la dynamique du sport qu'ils pratiquent, pour se détendre et améliorer leur moral.

Les scientifiques se concentrent sur la mesure des niveaux d'anxiété des athlètes et sur la façon dont ils se sentent quant à leur confiance, leur efficacité et leur niveau de performance. Ces conversations avec soi-même impliquent une connaissance de soi, une retraite sur le chemin du développement personnel et professionnel, et c'est une stratégie positive à long terme. Elle doit être incorporée en tant qu'habitude, comme quelque chose qui se répète quotidiennement.

L'idée de la visualisation positive est d'imaginer que vous compétitionnez, que vous gagnez et que vous réussissez. Donnez-y autant de détails que possible et ayez confiance que si vous pouvez l'imaginer, vous pouvez le faire. Générez des attentes positives sur ce qui peut arriver et faites tout ce qui est possible pour les atteindre. Les exercices de visualisation, par exemple, sont des stratégies positives pour réduire le stress et adopter le bon état d'esprit pour le sport que vous pratiquez.

La première fois que j'ai couru un semi-marathon, je me souviens avoir eu du mal à m'endormir la nuit précédente. Mon esprit allait à mille à l'heure. À chaque fois que je fermait les yeux, j'imaginais tout le parcours. Je pensais à la façon dont j'allais physiquement arriver à ce point de la course. Je me visualisais en train de franchir la ligne d'arrivée et de réaliser cet objectif.

Lorsque j'ai réussi à m'endormir et à bien me reposer la veille de la course, j'étais déjà mentalement préparé à entreprendre ce projet. Cette visualisation précédente m'a aidé à me détendre et à gagner en confiance.

En résumé, l'attitude est fondamentale pour le sport. Peu importe la discipline, le type de sport ou le niveau que vous pratiquez.

Que vous soyez un athlète de haut niveau ou un amateur, avoir l'esprit aligné sur l'objectif et rester positif vous donnera les outils pour vous améliorer, atteindre vos objectifs et être à la hauteur de vos attentes.

Essayez l'une de ces stratégies et faites confiance à votre capacité et à vos performances. Un état d'esprit flexible est le bon ensemble de pensées et de comportements pour y parvenir.

La psychologie de la motivation

La motivation explique pourquoi les gens commencent, maintiennent et terminent un comportement pendant un certain temps. Elle fait partie de l'accent que la personne met pour atteindre un objectif ou satisfaire un besoin. La création, l'impulsion et la mise en œuvre des actions que le sujet estime nécessaires pour atteindre l'objectif préalablement fixé dépendront de la motivation.

C'est un état personnel, interne qui active, dirige et maintient certains comportements. Les états de motivation ont des degrés et des forces différents, selon l'influence de la motivation sur le comportement et les comportements de la personne.

Bien que les humains et les animaux puissent appliquer la motivation, la différence est que l'être humain agit pour des raisons et s'engage dans ses actions, analysant les résultats et maintenant (si nécessaire) les comportements. En revanche, les animaux agissent instinctivement, suivant leurs désirs.

Grâce à la motivation, l'homme avance vers ses objectifs. Il prend des décisions, dirige son énergie et maintient ses comportements. Les forces qui se trouvent derrière la motivation peuvent être biologiques, sociales, cognitives ou émotionnelles. Nous verrons les différentes théories qui englobent ce concept. Allons-y!

Théorie de la Motivation Instinctive

Cette théorie envisage que les comportements des êtres humains sont motivés par des aspects évolutifs. La peur, l'amour, la modestie et la honte sont quelques facteurs (spécifiques à la survie) qui encouragent l'homme à adopter certains comportements et à les maintenir dans le temps.

Cependant, ce postulat ne prend pas en compte l'apprentissage de l'homme en chemin vers l'objectif et comment les motivations initiales pourraient se transformer. Il suppose que l'homme agit de manière impulsive et n'explique pas pleinement le comportement, mais le décrit simplement.

Cette théorie a perdu du terrain au fil des ans depuis qu'elle a été postulée dans les années 1920, bien que certains psychologues l'étudient encore aujourd'hui dans le domaine de la génétique et des comportements hérités.

La théorie de la conduite

La théorie de la conduite concerne l'équilibre de l'être humain et le concept d'homéostasie.

Ce concept considère que les êtres humains doivent avoir un certain équilibre. Cet équilibre leur permet de fonctionner, en considérant le corps humain comme un circuit. Nous commençons le matin et dormons la nuit. Il faut de l'énergie pour traverser toutes les journées.

La motivation y est liée. L'être humain a besoin de satisfaire des besoins. En adoptant certains comportements et en suivant un parcours, on parvient à réaliser un désir. Soulager cette tension interne qui se crée lorsqu'un besoin est présent.

Quand nous avons soif, nous buvons de l'eau. Quand nous avons faim, nous mangeons.

Ces types de motivations, ces impulsions les plus primitives, sont d'ordre naturel. Nous les partageons avec la grande majorité du règne animal. L'utilité de cette théorie est qu'elle couvre toutes les questions les plus basiques. Elle explique le moteur qui dirige certains comportements et fournit un cadre théorique à la partie strictement biologique. Cependant, notre espèce est particulière car toutes les motivations ne découlent pas de problèmes biologiques.

Que se passe-t-il lorsque nous continuons à manger alors que nous n'avons plus faim ? Quel mécanisme intervient dans ce cas? La vérité est que la complexité du corps humain nous oblige à considérer d'autres options également.

Théorie de l'excitation

Notre corps a besoin de libérer des doses d'adrénaline de temps en temps. Si vous faites du sport, vous le savez. Vous connaissez le potentiel énergétique activé lorsque cette adrénaline atteint le sang, le cœur et le cerveau.

Cette théorie considère que les gens adoptent différents comportements pour gérer et modifier leurs niveaux d'excitation. Elle propose que les humains ont évolué pour avoir un niveau d'excitation élevé et que la motivation en découle.

Selon ce postulat, vivre ainsi fait partie de notre nature. Notre chemin évolutif, avec ses changements et ses adaptations, nous y a conduit. Cependant, il n'y a pas de niveau d'excitation approprié. Ce n'est pas quelque chose de quantifiable.

Chacun de nous aura sa mesure de ce que notre corps a besoin et exige. Et lorsque vous couvrez cette demande, peut-être n'en avez-vous plus besoin. Certaines personnes, qui vivent avec des niveaux d'excitation élevés, ont parfois besoin de les réduire. À l'inverse, celles qui ont des personnalités plus décontractées chercheront à augmenter leurs niveaux.

Théorie humaniste

Pour expliquer les motivations humaines, il était nécessaire de leur donner un cadre théorique orienté vers l'humanisme. Expliquer les raisons cognitives, qui vont au-delà du champ physiologique. Pour cela, Abraham Maslow (1908-1970) a créé un système qui ordonnait les besoins de l'être humain et expliquait le mécanisme qui les motive.

Comment ne pas parler de Maslow? Vous pensiez pouvoir vous en débarrasser? C'est que son schéma pyramidal pour encadrer les besoins humains illustre concrètement des informations que la science essaie de quantifier depuis des années. Il essaie de lui donner une explication pratique.

L'idée de Maslow est que les besoins de l'être humain sont ordonnés par leur complexité et évoluent au fur et à mesure qu'ils sont satisfaits. Cette théorie intègre une échelle hiérarchique pour les besoins et les motivations qui poussent le désir de les satisfaire.

De cette manière, il y a une tendance pour l'être humain vers la santé mentale. Dans la mesure où les besoins les plus fondamentaux sont satisfaits, de nouveaux désirs surgissent et, par conséquent, de nouveaux élan.

Ce processus complexe répond aux différents niveaux de besoins, qui peuvent être décrits, sous forme de pyramide, comme suit: La base de tous les besoins humains est physiologique. Respirer, se nourrir et se reproduire; des aspects primitifs de l'être humain. Ce sont les premiers besoins que nous avions en tant qu'espèce et qui restent inchangés des millions d'années plus tard.

Couvrir ces questions est primordial pour la survie de l'homme, et vous seriez surpris de voir combien de gens ne parviennent même pas à franchir cette première étape.

C'est la pierre angulaire de l'expérience d'être en vie. Vivre ce processus quotidien d'homéostasie que nous avons évoqué plus tôt, où notre corps, avec ces exigences de base couvertes, a suffisamment d'énergie pour fonctionner.

Les besoins de sécurité sont le niveau suivant de la pyramide, juste au-dessus des plus basiques. Maslow les décrit comme des mesures de protection.

Il fait référence au besoin d'avoir un toit sur notre tête et un abri contre les éléments : le besoin d'avoir une sécurité financière et des ressources suffisantes pour survivre.

Maslow parle également de sécurité physique, de prendre soin de l'état de santé de l'homme.

Une fois que l'être humain a correctement passé ces deux premières étapes, les plus basiques et liées à son intégrité physique, l'étape suivante intègre les besoins sociaux. Dans celle-ci, l'homme a la possibilité d'établir des liens et de renforcer ses liens familiaux.

L'intégration est essentielle pour une vie saine, et de nombreuses motivations quotidiennes sont strictement sociales. Nous adoptons différents comportements, souvent en fonction des habitudes et des coutumes, pour fonctionner dans la société. Nous respectons les règles établies et développons également notre côté émotionnel.

Ces besoins sociaux (ou d'affiliation) impliquent également une structure psychique construite au cours de millions d'années d'évolution.

De plus, cela n'est pas intrinsèquement humain. Les scientifiques prouvent qu'un nombre immense d'animaux (principalement des mammifères ou des cétacés) ont des structures sociales et familiales complexes. Des animaux qui, dans le même ordre que l'homme, survivent d'abord, existent ensuite et finalement se lient les uns aux autres. Qui éprouvent des besoins similaires et partagent ces trois premières étapes avec nous.

Cela illustre également de manière impeccable le mécanisme de complexification de ces besoins dans la mesure où l'on monte en grade.

L'étape suivante de cette pyramide est la reconnaissance des besoins. Ici, la structure commence à acquérir certains désirs fortement liés à notre espèce. Ici, nous pouvons dire que la pyramide acquiert son caractère "humaniste".

Ces besoins sont liés à la recherche de liens de confiance, le produit de relations stables, à partir desquels l'être humain tend à chercher la reconnaissance, le respect et le succès.

Qui, selon vous, est plus réussi? Un athlète gagnant ou une bonne personne? Selon quel ensemble de valeurs mesurons-nous le succès dans la vie?

Ces besoins constituent les aspects psychologiques de l'être humain. Les satisfaire apporte une valeur inestimable, traduite par ces ensembles de comportements que nous adoptons pour vivre en société et nous lier aux autres.

Enfin, en haut de la pyramide se trouvent les besoins d'accomplissement de soi. C'est la zone où, avec les questions fondamentales résolues et les liens affectifs établis, nous pouvons donner libre cours à nos désirs.

Là-bas, l'homme devient spontané. L'homme devient unique et irrépétable. C'est là que nous pouvons nous libérer et commencer à vivre ce que nous voulons. Réaliser nos désirs, fixer nos objectifs personnels et les poursuivre. Peut-être s'agit-il d'objectifs professionnels, pour progresser dans un travail ou étudier pour obtenir un diplôme universitaire.

Ils peuvent également être personnels, depuis des choses simples de la vie quotidienne comme apprendre une langue jusqu'à des aspects infiniment plus complexes. La vérité est que cette étape finale, qui explique les besoins de l'homme et la racine la plus profonde de leurs motivations, est essentielle pour la santé mentale des personnes. Et plus nous évoluons dans cette zone, mieux c'est.

Théorie de l'expectative

Cette théorie envisage la capacité de l'homme à planifier l'avenir comme faisant partie intégrante de ce qui génère ses motivations. Elle suggère que penser à ce qui va se passer et élaborer des attentes quant à l'avenir pousse les êtres humains à entreprendre. Cela les motive à adopter des comportements qui leur permettent de réaliser leurs objectifs.

Ainsi, la théorie de l'expectative se compose de trois éléments clés.

La valence (la valeur que les personnes attribuent à l'issue potentielle), l'instrumentalité (si les gens croient qu'ils ont un rôle à assumer et à jouer pour atteindre le résultat escompté) et l'expectation (la conviction que l'on est capable de générer le résultat attendu).

Comment développer une mentalité gagnante

Il y a une étape importante dans l'acquisition de la mentalité d'un gagnant. Quelque chose que si vous ne le croyez pas dès le premier instant, vous pouvez difficilement vous rapprocher de cet objectif. Et c'est de penser qu'il n'y a pas de limites. Cette prémisse doit être adoptée avec une foi sincère, comme une parole divine, avec une dévotion totale de la part du sujet.

Cependant, il est essentiel de comprendre ce que nous voulons dire lorsque nous disons qu'il n'y a pas de limites à cette mentalité. Cela signifie incorporer la persistance dans votre vie. Rester concentré sur un objectif clair et être implacable face à l'adversité.

Pour les gagnants, aucune excuse, aucun revers ou adversité ne peut les arrêter. Lorsqu'ils prennent une décision et ont quelque chose en tête, ils ne s'arrêtent pas tant qu'ils ne l'ont pas accompli.

On comprendra qu'il y aura de nombreuses chutes, beaucoup. Lorsque l'on planifie un chemin, il est rarement réalisé selon les attentes. Certaines choses vont bien, d'autres échouent. Et c'est normal. Les gagnants considèrent les erreurs comme des leçons à apprendre dans le cadre même du processus d'accomplissement de l'objectif.

Mais le gagnant, qui adopte vraiment cette mentalité, se relève et continue. En aucun cas, il ne perd de vue son objectif.

En plus de cette prémisse fondamentale initiale, ceux qui incorporent une mentalité gagnante dans leur vie doivent résoudre rapidement les conflits. Ils doivent être conscients de leurs fautes et de leurs défauts, et assumer la responsabilité des problèmes.

Cette mentalité est très dynamique et proactive. Il est facile de créer et d'innover et de construire de nouveaux chemins, ils aiment l'inconnu et aiment prendre des risques.

Ils préparent leurs étapes à l'avance, y réfléchissent, les analysent et mesurent les résultats possibles. Ce sont des personnes qui préparent des projets à moyen et long terme, mais dans des termes réalistes. Pour cela, elles sont prêtes, informées et formées si nécessaire. Ils consacrent chaque minute de leur temps et chaque once de leur cerveau à cela.

Il y a en effet un facteur aléatoire dans l'art de réussir. Une petite dose de chance qui peut être présente ou non. Il serait inutile d'être exactement au bon endroit et au bon moment pour qu'il se produise quelque chose de bien s'il n'y a que des limites et un manque de sécurité dans votre esprit. Cependant, une préparation préalable, une concentration et la bonne mentalité vous permettront d'être plus attentif. Plus éveillé pour profiter même de la moindre opportunité.

Cela s'explique par le fait qu'ils savent ce qu'ils veulent. C'est clair dans leur esprit. Clair comme de l'eau de roche. Une mentalité gagnante aide à construire un caractère fort, car votre façon de réagir à la douleur est plus rationnelle. Les objectifs de ces personnes sont tangibles, quantifiables, réalistes et dans les scénarios attendus. Ils savent que, en grande partie, cela dépend d'eux pour l'atteindre, ce qui est essentiel pour leurs comportements, pour la génération de motivation, dont nous avons parlé dans le dernier chapitre.

Tout cela sera entouré d'empathie, de coopération et d'un sens orienté vers le bien commun sans négliger leurs intérêts.

Voici cinq stratégies concrètes à appliquer à votre vie pour vous aider à incorporer la mentalité gagnante:

Avoir du talent ne vous rend pas nécessairement successful

Comme nous l'avons vu précédemment, l'état d'esprit fixe considère que vous êtes destiné au succès simplement parce que vous avez du talent. Et nous verrons, tout au long du livre, que cela est loin de la vérité.

Le premier exercice mental que vous devez affronter pour intégrer une mentalité gagnante est de comprendre que cela dépend de votre effort, de votre travail et de votre sacrifice. Comprenez que vos talents vous serviront certes à atteindre l'objectif, mais ce serait une erreur de ne dépendre que d'eux. Cela ne fonctionne pas ainsi.

Ceux qui ont le plus confiance en leur talent sont les premiers à être vaincus. Car si vous placez toute votre confiance en eux aveuglément, dans la première adversité qui se présente, vous verrez que vous n'avez plus de ressources pour la combattre. Vous aurez mis tous vos œufs dans le même panier, celui de votre talent, ce qui est imprudent.

Vous ne pouvez pas vous sortir des événements imprévus et des situations difficiles uniquement grâce à vos talents. Il est donc nécessaire de faire confiance à vos capacités, mais les pieds sur terre. Vous devez vous donner corps et âme au sacrifice et à l'effort. C'est le chemin qui mène au succès.

C'est le chemin choisi par les personnes qui réussissent.

Commencez avec des petits pas

Une fois que vous êtes convaincu(e) que, en plus de votre talent, vous avez ce qu'il faut pour réussir, il est temps de prendre l'initiative. Faites ces premiers pas vers votre objectif, quoi qu'il soit.

Pour cela, je vous recommande de commencer par des petits pas. Soyez réaliste et pratique. Commencer par des bonds en avant est risqué. Cela peut vous donner de grands bénéfices, mais cela a également un coût élevé. La mentalité gagnante s'acquiert par d'autres types de stratégies.

Les personnes qui réussissent prennent des risques, c'est certain, mais ce sont des risques calculés. Avant de faire un mouvement, ils l'ont analysé mille fois dans leur tête. Ils sont intelligents et planifient les résultats possibles. Sur la base de cette planification et de l'attente générée, la mentalité est renforcée. Un espace sûr est créé. Cela minimise les risques et commence (petit à petit) à gagner de l'inertie.

Cette inertie, ce premier mouvement en avant, peut ne pas être significatif au départ. Comme je l'ai dit, ce seront de petits pas qui vous rapprocheront de l'objectif. Il y en aura même certains qui ne vous rapprocheront pas nécessairement, mais qui aideront à guider le flux aux moments des choix. Cependant, avec le temps, le mouvement en avant s'accélère, accumule de l'énergie et devient de plus en plus difficile à arrêter.

Cet élan, cette motivation dynamique, doit être ce qui vous rend imperméable aux difficultés. Et gardez-le sur les rails de la réussite.

Renforcez votre caractère

Les psychologues estiment que la force de caractère est le facteur le plus crucial pour le succès. Au-delà du talent et de la planification, si la personne ne dispose pas du caractère nécessaire pour se maintenir là-bas, il lui sera difficile d'atteindre ses objectifs.

Cette intégrité nécessaire, cette construction d'une résistance appropriée, maintiendra le sujet sur la voie en cas de chutes, de doutes et d'incertitudes. Elle doit combiner la persistance et l'engagement de la personne envers l'objectif. Les personnes qui réussissent forment un lien fort entre ces deux variables et partagent une passion.

Retracer vos objectifs avec ces forces augmente considérablement vos chances d'atteindre votre objectif et d'avoir un succès à long terme. Cela a à voir avec la capacité à rester concentré et focalisé, malgré les revers. Saisissez l'adversité comme des occasions d'apprendre et suivez le chemin sans être perturbé.

Ce sera grâce à la formation du caractère, à la tolérance aux frustrations et à une mentalité constructive vis-à-vis des difficultés que l'homme ou la femme réussi(e) sera formé(e). Avancez avec détermination vers l'objectif. Insistant(e), résilient(e), inspiré(e) et motivé(e).

Ayez confiance en votre vision, faites confiance à vos instincts

Vous avez peut-être une vision particulière des choses. Une interprétation du monde basée sur vos expériences, des réflexions sur la manière de procéder et un objectif spécifique à atteindre. Ces visions sont toujours quelque chose de personnel. Intégrer une mentalité positive dans votre vie implique de faire confiance à votre vision. Soyez sûr que, avec les succès et les erreurs, vous décidez du chemin à prendre vers votre objectif.

Bien sûr, cela ne signifie pas devenir inflexible ou intransigeant. Au contraire, le véritable défi consiste à être honnête avec vous-même, avec ce que vous voulez et ce que vous estimez juste, tout en écoutant ceux qui pensent différemment.

Faire confiance à votre vision signifie également la confronter à d'autres idées. Si vous pensez que la meilleure façon d'aller à Newark est de conduire sur le pont Wittpenn, c'est tout à fait valide. Mais ne refusez pas l'idée de passer par le pont Hackensack River. Vous pouvez vous arrêter pour déjeuner à Little Tijuana, puis poursuivre votre voyage sur Market Street.

Ce que je veux dire, c'est que faire confiance à votre vision est essentiel, mais être réceptif à la vision des autres vous sera d'une grande aide. C'est à vous de décider combien et comment cela vous servira.

Prendre des mesures

C'est la partie la plus cruciale du processus, où la plupart échouent, et le filtre devient inévitable. C'est le moment de l'action. Le moment où l'on doit prendre tout ce qu'on a appris et le mettre en pratique.

Prendre l'initiative nécessite une préparation préalable. En plus de tous les facteurs décrits, cela a également à voir avec le courage de commencer le parcours. Chaque fois que nous fixons un objectif pour notre vie, le chemin qui y mène sera rempli d'insécurités.

Il y aura des hésitations, des dilemmes à résoudre et des décisions à prendre. Avoir suffisamment de courage pour affronter ces peurs et maintenir la motivation au fil du temps sera nécessaire.

Beaucoup de gens répondent à la grande majorité des exigences, ont des choses claires, font confiance à leur instinct et se préparent en apprenant les étapes à suivre. Ils ont un objectif clair et veulent y aller. Mais ils échouent à franchir cette dernière étape. Pour diverses raisons, ils ne peuvent pas prendre ce premier pas pour mettre en pratique tout ce qu'ils ont vu.

C'est le premier grand filtre entre ceux qui réussissent et ceux qui ne réussissent pas. Et c'est aussi le moment de vérité. C'est le moment que vous attendiez depuis tout ce temps. Si vous êtes préparé et que vous vous sentez en sécurité et confiant dans vos capacités, ce moment sera plus facile pour vous.

Exercices interactifs

Après avoir analysé la pyramide de Maslow, j'ai décidé de faire un petit bilan sur quel niveau me correspondait, en l'appliquant à ma vie, j'ai découvert que je saute souvent entre les niveaux. Certaines choses dans ma vie me semblent résolues, par exemple certains souhaits ont été réalisés et des réussites obtenues. Et d'autres, je pense qu'il me manque encore quelque chose.

Il y a souvent des différences entre la façon dont nous percevons notre vie et la réalité de notre situation. Cela arrive parce que parfois notre perspective n'est pas la bonne ou parce que nous avons des problèmes dans notre vie qui obscurcissent notre capacité d'analyse et nous empêchent d'avoir une vue d'ensemble. Je vous invite à faire cet exercice de réflexion.

Cela vous aidera à savoir où vous en êtes. Vous pourrez ainsi réfléchir aux aspects de la pyramide de Maslow dans lesquels vous vous sentez accompli et à ceux dans lesquels vous pourriez être meilleur. Plus vous connaissez vos désirs, plus vous avez de chances de réussir. Vous devez bien connaître le contexte dans lequel vous souhaitez les réaliser, le chemin à parcourir et les forces de votre propre cœur.

Mettez votre vie à l'échelle de Maslow et voyez le résultat.

Comme nous l'avons vu tout au long de ce premier chapitre, la mentalité avec laquelle on aborde ses journées est essentielle pour réussir. Et quand nous parlons de réussite, nous ne parlons pas seulement de sport. Cette écriture vous invite, le lecteur, à appliquer ce type de mentalité non seulement dans votre discipline sportive, mais aussi dans la vie de tous les jours.

Une mentalité positive, flexible et constructive est indispensable pour commencer le chemin du changement que nous voulons et atteindre les résultats attendus. Ce doit être un changement structurel, né du lieu le plus profond de votre être. Ce doit être une expression fidèle de ce que vous espérez pour votre vie.

En incorporant une mentalité positive, optimiste et de dépassement dans votre vie, vous constaterez que de bons résultats seront évidents. Vous verrez ses preuves si votre objectif est d'améliorer vos performances physiques.

Ensuite, nous parlerons du pouvoir de l'esprit. Comment, inconsciemment, le corps le suit où qu'il aille. Nous discuterons de certaines stratégies pour entraîner notre cerveau et le changer positivement. Concevez l'esprit comme une source créative de réalités, et utilisez-le en notre faveur.

Maintenant est le moment. Passez à l'action.

A BONUS GUIDE:

3 THINGS ATHLETES SHOULD **STOP** DOING

2
LÀ OÙ VA L'ESPRIT, LE CORPS SUIT

Il y a un moment dans les sports de haute performance où les différences entre les compétiteurs sont considérablement réduites. Un niveau où deux grands athlètes présentent des similitudes. Dans leurs conditions physiques, dans ce qu'ils s'entraînent, dans la quantité de dévouement à leur travail, dans la mesure où ils se perfectionnent, etc.

À ce stade, la victoire et la défaite se résument à la mentalité. Un tir au but qui aurait dû être un centre, une balle courbe qui aurait dû être droite. Ces petites différences dans la mentalité, qui vous influencent de manière interne, peuvent coûter une fraction de seconde dans une course ou vous amener à prendre une mauvaise décision lors d'un match.

Jouer à un sport implique un processus de prise de décision constant. Peu importe la durée de l'activité, l'athlète doit utiliser sa condition physique et son cerveau pour atteindre la victoire. Parce que, finalement, tout le monde veut gagner.

Les conditions physiques, ainsi que l'attitude, l'énergie et la concentration, sont importantes. Je me sens prêt à y parvenir et j'y vais. Cependant, tous ces facteurs peuvent s'effondrer en une seconde. Tout sera vain si l'esprit ne l'accompagne pas.

Une armure psychologique avant une course est essentielle. Et dans le cas des athlètes olympiques, nombreux sont ceux qui utilisent la ressource de la visualisation.

Comme dans le cas de l'exemple, lors des Jeux Olympiques, tous les athlètes sont remarquables dans leur sport. Ils appartiennent tous à l'élite de leurs disciplines et leurs performances élevées, individuelles et collectives, les laissent relativement au même niveau.

Les grandes différences se situent généralement entre les nations. Aux Jeux Olympiques, les grandes puissances du tableau des médailles sont généralement les pays dotés d'une structure interne entièrement dédiée à la constitution d'équipes et à la formation d'athlètes de haut niveau.

La visualisation utilisée par les Olympiens consiste à prendre l'avantage sur la concurrence. Battre le rival grâce au pouvoir des images, des attentes et de ce que cela génère en nous.

Kayla Harrison a déclaré qu'elle se visualisait gagnant la compétition chaque nuit. Elle se tenait au sommet du podium, regardant avec émerveillement le hissage de son drapeau, sentant le poids de l'or sur le dos de son cou.

La visualisation possède une immense puissance motivante. Non seulement elle permet de créer une attente, d'imaginer un résultat potentiel, mais elle est également vue, ressentie et perçue. Elle doit être une expérience vive, presque tangible.

Préparez-vous mentalement aux résultats possibles. Un autre athlète, comme la nageuse Missy Franklin, a reconnu que la stratégie de visualisation pré-match aide à réduire l'anxiété. "Quand j'arrive là-bas, j'ai déjà imaginé ce qui va se passer un million de fois, donc je n'ai pas vraiment besoin d'y penser", a-t-elle déclaré au New York Times.

Anticipez le jeu. Certains visualisent leur propre performance pour améliorer leurs chances de réussite. De plus, ceux qui pratiquent cet exercice planifient différentes stratégies à l'intérieur du jeu. Ils essaient d'être préparés à affronter différents scénarios.

Cet exercice est littéralement intégré à l'entraînement. Il est pratiqué mentalement, pendant les moments d'inactivité, et est abordé de manière positive. Un travail sérieux est effectué sur les aspects du jeu et la programmation mentale pour atteindre l'objectif. Nous allons maintenant examiner de plus près ce qu'est la visualisation, où réside son pouvoir et quelles sont les façons pratiques de l'intégrer dans votre vie.

Le pouvoir de la visualisation

La visualisation consiste à imaginer mentalement une image abstraite, donnant des caractéristiques visibles à ce qui n'est pas vu, ou représentant des problèmes d'une autre nature à travers des images. De cette manière, grâce à cette visualisation, il est possible d'atteindre une représentation de la réalité. Nous ne pouvons pas non plus oublier l'existence de nombreux autres types de visualisation.

Par conséquent, il est considéré comme un moyen de trouver le bien-être simplement en faisant appel à ce que l'esprit est. On établit que grâce à la visualisation, il peut y avoir une réduction des niveaux de stress, une perte de poids, une baisse de la tension artérielle et une diminution de la douleur chronique spécifique.

L'idée de la visualisation créative, quant à elle, est utilisée en psychologie. C'est une technique de motivation qui invite une personne à "voir" dans leur esprit ce qu'elle a l'intention d'accomplir.

Ceux qui défendent la validité de cette technique affirment que la visualisation créative aide à configurer la pensée afin que le sujet guide ses idées et ses actions vers l'objectif. Si un athlète prévoit de courir un marathon, il devrait donc s'engager dans une visualisation créative et imaginer ce que ce serait de franchir la ligne d'arrivée.

Le sentiment positif généré par la visualisation peut contribuer à la motivation.

Toute visualisation requiert un bon flux imaginatif pour être captée. Et plus elle est vive, plus elle sera efficace pour affecter la personne.

Pour cela, l'imagination en tant que processus créatif est essentielle. Elle permet au sujet de manipuler ses pensées pour créer une image. Cela signifie former cette image sans les stimuli de l'environnement, la compléter seulement dans sa tête et la rendre capable d'être perçue par les sens. Tant visuels que les autres.

Comme nous l'avons mentionné précédemment, pouvoir voir la cible, la sentir dans ses mains et l'entendre comme si elle était là.

L'imagination nous permet de former ces expériences mentales et d'en tirer parti. La stratégie de visualisation consiste à profiter de ses résultats et à connaître ses conséquences. Cette visualisation peut être de souvenirs d'enfance, d'événements imaginaires ou fantastiques, et d'événements futurs. Les événements que le sujet imagine se produire pour se préparer à l'avenir, se motiver ou éliminer les peurs et les insécurités.

Cela aide à rendre les connaissances applicables à la résolution de problèmes et est essentiel pour intégrer l'expérience et le processus d'apprentissage. C'est un processus abstrait qui utilise la mémoire pour relier les informations de manière non factuelle. Autrement dit, l'imagination prend des éléments précédemment perçus et vécus, les transformant en nouveaux stimuli et réalités.

L'imagination peut être reproductive ou créative. La première consiste à visualiser des événements du passé, de notre histoire. Des événements qui nous sont arrivés et que nous pouvons collecter avec la mémoire. En revanche, les images créatives, nous les créons nous-mêmes.

Rappelez-vous que ce que nous pensons, nous le devenons. Si, en plus d'y penser, nous pouvons le voir sur notre écran mental, le faire vivre et en profiter comme s'il se produisait déjà, nous créons ce que nous visualisons et le portons au présent.

Cette étape est vitale pour notre vie et notre prospérité matérielle ou spirituelle. Nous pouvons imaginer des choses matérielles et des humeurs de bonheur, de paix et d'harmonie. Nous pouvons également visualiser les processus de notre évolution spirituelle et nous imaginer sur le chemin de nos objectifs.

Pour cela, nous devons suivre cinq étapes nécessaires pour une visualisation complète.

Tout d'abord, vous devez déterminer ce que vous voulez manifester : bien sûr, que cela soit quelque chose d'honorable, constructif et digne de temps et d'efforts. Soyez sûr de ce qui vous pousse à devenir meilleur et à atteindre vos objectifs. Vous devez être honnête avec vous-même et avec le reste du monde.

Rappelez-vous qu'il y a une grande différence entre l'utilisation du désir et du caprice. Prenez en charge, disciplinez et contrôlez consciemment votre être intérieur. Choisissez ce que vous voulez visualiser dans votre esprit, concevez-le et faites en sorte que ce plan se manifeste dans votre vie.

Ensuite, vous devrez exprimer votre plan souhaité en mots et à voix haute : aussi clairement et aussi succinctement que possible. Écrivez-le à l'avance pour ne pas oublier les détails. De cette manière, vous enregistrez votre désir dans le monde extérieur, visible et tangible. Plus l'expérience est intense, plus les détails sont pris en compte. Plus la demande est forte, mieux c'est.

Une fois que vous êtes clair sur votre objectif et l'avez

déclaré avec force, il est temps de fermer les yeux. Concentrez-vous et essayez de voir ce que vous désirez accomplir sur votre écran mental. Contemplez la capacité de créer, de visualiser et de créer une image dans votre propre conscience qui représente vos désirs.

Cette capacité est fondamentale pour incorporer une bonne mentalité dans votre vie. Votre conscience vous guidera vers le monde extérieur, l'image que vous voyez et ressentez en vous.

Il y a quelques années, ma femme et moi avons décidé d'émigrer à Barcelone, de vivre pendant un an et de voir comment la ville nous convenait. Une nouvelle vie, avec un nouveau travail, dans une nouvelle ville. Un long processus, très stressant, mais qui nous a invités à rêver de choses inimaginables.

Je me souviens chaque nuit que je mettais mon petit fils dans son lit, en fermant les yeux et en visualisant les différents moments à venir pour lui. Cela m'a beaucoup aidé à réduire l'anxiété et les peurs typiques d'un tel projet.

Parfois, je me visualisais moi-même arrivant à l'aéroport et louant une nouvelle maison. D'autres fois, j'imaginais trouver un nouvel emploi ou apprendre à parler la langue. Tout ce que je savais que je devais faire à court terme.

Après avoir fait la visualisation, lisez votre plan ou votre désir aussi souvent que possible pendant la journée. Faites-le toujours avant de vous endormir car votre esprit peut enregistrer cette image et les sensations qu'elle produit en vous.

De cette façon, vous pouvez les rappeler plus tard à travers vos rêves nocturnes.

Comment cela améliore la performance sportive

Il est entendu que pour optimiser votre performance sportive, les approches apparentes sont l'entraînement, la condition physique et la pratique. Cependant, comme nous l'avons vu dans le cas des athlètes olympiques, nombreux sont ceux qui utilisent leur pouvoir mental pour affiner leurs capacités et acquérir un avantage mental sur leurs concurrents.

Il est prouvé que ces techniques aident à améliorer la performance sportive, soutenues par le pouvoir de l'esprit, en visualisant et en renforçant la force psychologique. Les athlètes mondialement connus qui ont utilisé cette technique sont Arnold Schwarzenegger, Michael Jordan et Michael Phelps. Ils ont ouvertement commenté leurs stratégies. Les psychologues et les entraîneurs conviennent que le pouvoir de la visualisation peut faire une différence.

Comme nous l'avons mentionné précédemment, l'utilisation de la visualisation comme stratégie pour améliorer la performance sportive implique l'utilisation de tous les sens. Non seulement voir la balle entrer dans le panier, mais aussi sentir sa texture dans vos mains et entendre le son caractéristique passer à travers le filet. Donnez une entité à la visualisation et laissez-vous emporter par son pouvoir.

Faites-le correctement, en pensant aux formes et à la technique précise. La visualisation ne doit pas être seulement graphique, mais également contrôlée. Le niveau de concentration doit être élevé. Et bien sûr, ne cessez pas de vous entraîner.

Ces stratégies que nous décrivons ne sont utiles que si elles font partie d'un tout. Les athlètes doivent s'entraîner avec discipline et ordre. Ils doivent laisser l'aspect physique dans chaque pratique, prendre soin d'eux-mêmes et être responsables, tant pour eux-mêmes que pour leurs coéquipiers.

Indéniablement, la force mentale joue un rôle important dans la performance sportive. En plus de la visualisation, la force mentale est un autre aspect essentiel de l'état d'esprit qui ne peut être ignoré. Être capable de surmonter la douleur physique grâce à votre état d'esprit est une autre façon dont les athlètes d'élite peuvent battre leurs concurrents. Cela leur donne un petit avantage décisif dans les matchs classés.

Comme les études sur la visualisation, la force mentale peut donner aux athlètes un avantage concurrentiel lorsqu'elle est combinée à l'entraînement physique.

Pour optimiser votre entraînement et réaliser des améliorations significatives, envisagez de travailler avec des experts formés en programmation neurolinguistique ou en psychologie du sport. Ils seront en mesure de vous aider à exploiter tout votre potentiel et à réaliser plus et de meilleurs progrès.

Renforcement de la force mentale

Renforcer la force mentale est essentiel pour augmenter les performances et sera une variable très personnelle. Pour commencer, chaque sport a des moments spécifiques où la stratégie du jeu et l'épuisement physique font appel à l'esprit.

Par exemple, l'entraîneur argentin Carlos Bilardo (champion du monde en 1986 avec Diego Maradona) a déclaré que le football avait 20 minutes cruciales où l'on ne pouvait se permettre d'être distrait. Ces minutes étaient les 5 premières et les 5 dernières de chaque période. À ce moment-là, la plupart des équipes marquaient leurs buts. Dans les premières minutes, vous risquez d'entrer sur le terrain de jeu sans être concentré, donnant ainsi l'avantage à l'adversaire. Dans les dernières minutes du match, la moitié du cerveau des athlètes est généralement déjà dans le vestiaire, ce qui leur coûte des victoires.

Par exemple, une course de longue distance a ses points spécifiques où l'intégrité psychologique entre en jeu. Je me souviens de la dernière fois que j'ai couru 10 miles. J'ai atteint un point de rupture où j'ai pensé que je n'y arriverais pas. J'étais proche de la ligne d'arrivée, peut-être encore deux ou trois miles, mais le parcours de la course m'a obligé à passer sur un long pont.

Alors que je régulais ma respiration et l'utilisation de l'énergie pour gravir ce pont, je me suis convaincu que descendre serait plus facile. Une fois en bas, cependant, j'ai ressenti pour la première fois de la course que mes jambes voulaient me lâcher. Tout en courant en mode automatique, presque sans réfléchir, j'ai levé les yeux et je n'ai pas vu la ligne d'arrivée devant moi - encore quelques miles à parcourir.

À ce moment-là, je n'ai pas pensé à abandonner, mais je me suis demandé : « Et maintenant, que vais-je faire ? ». J'ai dû résoudre ce problème, la seule solution qui m'est venue à l'esprit était mentale - profiter de cette inertie acquise pour mettre un pied devant l'autre et vider mon esprit.

À partir de ce moment-là, et pendant un moment, j'ai couru en regardant l'asphalte. Je n'ai pas pensé au paysage que je manquais ou à quel point l'objectif était loin sans penser à relever la tête et ne pas le visualiser. J'étais fasciné par le mouvement de mes pieds, par le rythme de chaque pas en avant, et je me concentrais sur rien d'autre que la continuation automatique de ce mouvement.

Mais j'étais convaincu que je réussirais. Cela n'a jamais été remis en question.

Après quelques minutes comme ça, mon esprit est revenu à la réalité. J'ai levé la tête, regardé droit devant moi et réussi à me connecter avec l'objectif. J'ai retrouvé confiance et concentration et j'ai terminé la course sans problème.

Mais ce n'était qu'un moment, une adversité inattendue qui m'a forcée à improviser. Trouver ma façon de faire face à cette situation. Pour la prochaine course, j'ai mieux étudié le parcours. Je pouvais anticiper ces problèmes. Honnêtement, je n'ai pas pris le temps de vérifier le parcours à l'époque. Je ne l'ai pas jugé nécessaire. Ce n'était pas ma première course de 10 miles, c'est pourquoi j'étais trop confiant.

Ce qui renforce certains peut nuire à d'autres. Chacun doit savoir où se trouve cette force personnelle et quelles étapes suivre pour la faire ressortir dans les moments nécessaires.

Cette force est développée de la même manière que la force physique. Elle est pratiquée dans le cadre d'une formation complète. Je veux dire par là qu'elle est multidisciplinaire. Pour cela, vous pouvez pratiquer la surmonter les inconforts quotidiens, vous connaître vous-même. Savoir quel mécanisme entre en action dans notre tête lorsque nous devons résoudre des problèmes. Vous constaterez que le simple fait de les résoudre augmentera votre confiance et votre estime de soi.

Ce n'est qu'en renforçant vos forces et en visualisant le succès de vos objectifs que vous pourrez découvrir la véritable puissance intérieure, le potentiel d'action et la large marge d'amélioration de votre performance.

Cinq conseils pour visualiser comme un athlète olympique

Comme nous l'avons vu, les meilleurs athlètes dans tous les domaines du sport ont leurs astuces mentales pour obtenir des résultats réussis. Gagner contre leurs rivaux à partir des aspects mentaux du jeu.

Ce n'est pas seulement une pratique physique. Cela ne répond pas seulement aux centaines d'heures par semaine que les athlètes consacrent à leur entraînement, mais c'est le résultat d'un exercice mental que vous pouvez pratiquer vous-même en étant assis à la maison ou au bureau pendant que vous travaillez.

Pour cela, vous devez imaginer vos objectifs, ces objectifs que vous souhaitez atteindre, afin de créer cette image dans votre esprit et ainsi l'attirer. Préparez également votre corps et votre état mental pour que vous ayez tendance inconsciemment à prendre le bon chemin vers le succès.

La visualisation doit être un exercice amusant. Il doit être facilement pratiqué et doit naître de vos désirs les plus profonds. De nombreuses personnes utilisent cette stratégie à diverses fins. Certaines ont des objectifs commerciaux pour la réussite de leur entreprise, d'autres utilisent cette ressource pour changer leurs habitudes ou améliorer leur condition physique.

Si vous n'utilisez pas déjà la visualisation pour stimuler la réussite de votre entreprise, voici cinq étapes simples pour commencer.

Savoir ce que vous voulez

C'est une étape préliminaire fondamentale, selon la clarté de l'objectif. Combien en savez-vous sur celui-ci et combien en voulez-vous? Ce facteur doit être clair pour programmer le chemin vers le succès.

Cela dépendra entièrement de vous. Connaissez vos pensées, analysez et interprétez vos désirs, et de cette manière, vous aurez de meilleures chances de les atteindre.

Soyez précis

Bien que de nombreuses personnes aient des visualisations générales pour les objectifs de vie et les aspects de leur métier ou de leur entreprise, la visualisation des athlètes est souvent plus spécifique. Quel genre de technique utiliser pour un tir à trois points? Comment positionner les pieds et où se tenir en dehors de la zone peinte?

Créez dans votre esprit cette image du tir parfait. La chute impeccable. Entraînez-vous autant de fois que vous le pouvez. Mémorisez même la chorégraphie des mouvements que vous devez respecter pour réaliser parfaitement la technique souhaitée.

Utilisez des images

Au-delà de la partie mentale et imaginative du processus de visualisation, avoir des images tangibles de ce que vous voulez peut aider à intensifier l'expérience. Impliquez tous vos sens dans cet exercice et faites de la visualisation un moment transformateur.

N'oubliez pas de pratiquer

Comme tout exercice, la visualisation nécessite de la pratique. Faites de cet exercice une partie de votre routine. Prenez un moment spécifique de la journée dédié à cela et répétez l'exercice.

Restez ouvert, soyez positif et faites confiance à votre

propre esprit. Si vous pratiquez cette ressource quotidiennement, vous constaterez des avancées significatives dans l'art de la visualisation (elle sera plus vive et complexe), et vous remarquerez rapidement des résultats positifs.

Combinez la visualisation à l'entraînement

La visualisation ne remplacera pas le travail pratique. Tout comme les athlètes olympiques, vous devez travailler des heures pour obtenir des résultats. Mais la visualisation peut agir comme une programmation subconsciente, attirant votre attention sur des opportunités que vous auriez pu manquer autrement.

Complétez la visualisation avec des entraînements appropriés. Travaillez avec des professionnels formés dans le domaine et invitez vos coéquipiers à vous accompagner dans ce processus. Faites-en partie de votre préparation mentale, et ils ajouteront une valeur énorme à toute l'expérience.

Exercices interactifs

Pour mettre cet exercice en pratique, trouvez un espace calme dans votre maison et installez-vous confortablement.

Fermez les yeux et commencez à respirer lentement et profondément. Concentrez votre attention sur votre respiration. Sentez le son de l'air qui remplit vos poumons, et votre poitrine qui se gonfle et se contracte à chaque expiration. Faites de la respiration un son ambiant. Utilisez-le pour vous détendre, calmer votre anxiété et vous concentrer sur l'objectif.

Une fois que vous ressentez cette relaxation absolue, comme si votre corps pesait deux fois plus lourd puis était léger comme une plume, imaginez un endroit où vous vous sentez totalement libre. Où tout est exactement comme vous le voulez. Vous entrez dans un monde idyllique créé par votre esprit pour vous offrir un espace de détente. Cela peut être n'importe où, dans n'importe quel contexte, tant que cela vous aide à vous détendre et à vous rendre heureux.

Concentrez le reste de vos sens sur la scène et transformez l'expérience en quelque chose de tangible. Rendez-la la plus naturelle possible. Par exemple, si vous vous imaginez assis dans un théâtre, entourez l'expérience de autant de détails que possible. Pensez à la texture en velours du siège, la finition en bois verni des accoudoirs et la texture de la moquette sous vos pieds lorsque vous marchez.

Pensez à l'éclairage dans la pièce et aux bruits qui en émanent. Pensez à une odeur qui vous transporte dans cette scène. Tout ce qui augmente l'intensité de l'expérience sera bienvenu et vous permettra de rassembler une image complète.

Restez là, visualisez tout ce qui vous vient à l'esprit. Pensez à ce beau sentiment que procure la réalisation de l'objectif. Pensez à vos souhaits, visualisez-les et voyez-les se réaliser. Connectez votre corps et votre esprit à ces sentiments issus de l'exercice.

Maintenant, ouvrez les yeux et connectez ce monde idyllique au monde réel. Prenez ces sensations, ces sentiments et ces désirs et transposez-les sur le plan concret. Prenez vos objectifs pour la journée et allez-y.

À ce stade du livre, vous envisagez probablement sérieusement la nécessité d'incorporer ces stratégies mentales dans notre vie quotidienne. Pour modifier et optimiser notre performance, physique et mentale, dans la vie comme dans le sport.

Peut-être voulez-vous réduire vos temps et courir plus vite et mieux. Ou le faire de manière plus efficace, en réduisant la consommation d'énergie et en optimisant votre performance. Peut-être voulez-vous gagner un tournoi ou être dans les trois premiers. Monter sur un podium et vous dépasser.

Si vous pratiquez l'art de vous voir là-bas, avec l'objectif atteint, si vous ressentez cette satisfaction et percevez cette réalité avec la plupart de vos sens, les chances de l'atteindre augmentent considérablement.

Cependant, comme tout processus de changement, il y aura des moments difficiles. Au-delà de toute l'énergie, de l'attitude et de l'élan que nous rencontrons dans nos projets, il y aura des moments difficiles. Il y aura des échecs, des défis et des frustrations.

Dans le prochain chapitre, nous allons d'abord apprendre à reconnaître l'anxiété quand elle nous frappe. Nous la différencierons du concept de peur ; deux idées similaires sont généralement fortement liées. Et nous verrons également différentes façons d'utiliser l'anxiété pour notre bien. Tout dépend de nous.

3

GÉRER L'ANXIÉTÉ LIÉE AU SPORT

De nos jours, l'anxiété est devenue une condition assez courante chez la plupart des gens. Que ce soit en raison de problèmes liés au stress, au travail ou à des problèmes économiques, de plus en plus de personnes souffrent de troubles anxieux.

Et parmi eux, les athlètes de haut niveau ne sont pas en reste.

Atteindre ses objectifs, satisfaire ses sponsors, créer un lien avec ses followers et naviguer habilement sur les réseaux sociaux. Aujourd'hui, être un athlète d'élite ne se limite pas à atteindre ses objectifs sur le terrain.

Il y a des athlètes qui montrent au monde une image imbattable. Cependant, très souvent (sans le montrer), ils traversent des situations difficiles qui les mettent à la limite de leurs capacités et affectent sérieusement leur santé mentale. Les gens ne le remarquent pas, mais ils vivent sous une pression très élevée.

En 1996, la star de football Diego Maradona a défini les immenses différences entre les pressions des athlètes et celles du grand public en une phrase: "Il y a la pression sur quelqu'un qui se lève à 5 heures du matin et doit nourrir sa famille. Nous, les footballeurs, nous roulons en BMW et en Mercedes-Benz."

Avec cette citation, Maradona a décrit une réalité; la pression sur les athlètes a à voir avec leur performance sur le terrain et avec des problèmes plus légers en dehors de celui-ci. Rarement un athlète d'élite ne joue pour sa vie et celle de sa famille. Rarement franchir la ligne une seconde plus tard que son concurrent signifie que ses enfants n'auront pas de quoi manger à la fin de la journée.

Cependant, après avoir fait cette différence, il est important de reconnaître que le stress des athlètes est bien présent. Il devient évident lorsqu'un athlète perd son chemin avec des addictions, ou lorsque sa performance chute considérablement, et qu'il disparaît de la scène internationale.

Parmi eux, un exemple clair de dépassement de soi est celui de Kevin Love, qui en 2018 a partagé sa situation avec le monde et a rendu visible un problème qui reste la plupart du temps sous le tapis. Admettre que l'on a un problème est un signe de faiblesse dans le domaine de la compétition.

Il a expliqué avoir eu un incident lors d'un match en début de saison contre les Atlanta Hawks où il s'est senti piégé et ne savait pas ce qui n'allait pas. Ce n'est que plus tard qu'il a identifié cette sensation comme une crise d'anxiété.

Cependant, le problème de Love n'a pas commencé là,

mais plusieurs années auparavant, en 2012. Cette saison-là, il avait cassé sa main deux fois et avait été presque complètement écarté de la compétition. À partir de ce moment, il a commencé à sentir que toute sa vie s'effondrait et qu'il glissait dans une spirale qui le rendait malade.

Dans son cas, en plus de l'anxiété, Love a dû faire face à un fort tableau de dépression. Il s'est enfermé chez lui et n'a trouvé aucune raison de sortir. Il s'est éloigné de sa famille et de ses amis et a commencé à parcourir un chemin difficile. "La période la plus sombre de ma vie", comme il l'a confessé à The Players Tribune.

Jusqu'alors, Love croyait qu'il ne devait pas s'inquiéter des problèmes de santé mentale, que ces choses arrivaient généralement aux autres et non à vous. Il a découvert (après cet épisode) qu'il avait eu affaire à l'anxiété tout au long de sa vie, souvent sans le savoir ou sans être conscient du problème. Il n'était pas prêt à accepter cette faiblesse. Il croyait que cette réalité le ferait se sentir différent des autres. Faible par rapport à ses rivaux.

Cette nuit de 2018 a été le point de rupture. Nous souffrons tous de peur et d'anxiété, mais cela vient d'une manière ou d'une autre. L'anxiété n'est pas une maladie qui peut être traitée en s'enfuyant. Il faut prendre position contre elle. Affronter cela carrément. Combattre chaque jour. Apprenez à le gérer, à l'administrer en petites doses et à connaître vos symptômes.

Love se souvient de s'être allongé sur le sol du vestiaire à la mi-temps de ce match, haletant, et son cœur battant dans sa poitrine. Il avait l'impression qu'il pouvait mourir.

Dans ces épisodes, le champ visuel se réduit, et l'on se sent piégé. Le cœur commence à battre plus fort pour observer le mouvement du muscle à travers la poitrine. Chaque processus de notre corps devient une torture. L'air devient si fin comme si l'on se trouvait dans la zone de la mort de l'Everest. La respiration devient difficile. On sent que l'air entre et remplit les poumons, mais on ne perçoit pas l'oxygène. La situation devient désespérée, et le sujet devient nerveux. Et involontairement, tout ce cocktail ne fait qu'aggraver le scénario.

Pendant ce temps, son entraîneur lui a posé une question fondamentale à laquelle chacun confronté à ce problème doit répondre: de quoi as-tu besoin?

Il est crucial de savoir ce dont nous avons besoin pour surmonter cette situation. Comprendre ce que notre esprit, notre corps et notre âme ont besoin. Dans certains cas graves d'anxiété et de dépression, la solution est chimique. Vous devriez consulter des professionnels de la santé spécialisés dans ce type de condition, qui pourront donner naissance à différents médicaments qui aident le sujet.

Certains surmontent ces obstacles grâce à la méditation. D'autres pratiquent un passe-temps qui les détend et redécouvre leur paix intérieure. Dans d'autres cas plus légers, la réponse est souvent interne. Elle se trouve dans la partie la plus profonde de notre être et prend différentes formes.

Au-delà du fait que le basketball a aidé Love à se distraire, l'anxiété et la dépression ont eu des conséquences sur lui. Petit à petit, il sapait sa stabilité psychologique jusqu'à ce que son corps dise stop.

À partir de ce moment-là, sa stratégie pour lutter contre ces sentiments était de parler. Il a commencé une thérapie et a trouvé un endroit sûr pour exprimer ce qui se passait en lui sans crainte de ce qu'ils diraient. Il a réussi à se montrer pleinement en tant qu'être humain - sans masques ni costumes.

Il a compris que c'était une manière saine de contrôler ces émotions négatives et a servi de stratégie concrète pour surmonter l'anxiété.

Au fil des ans, il a appris à gérer l'anxiété de sa carrière sportive de différentes manières. Ainsi, il est devenu un porte-parole des soins de santé mentale dans le sport.

L'anxiété dans le sport

Nous rencontrons souvent des athlètes qui se sentent très anxieux. Les symptômes dont ils souffrent entraînent une diminution des performances, ce qui accroît l'inquiétude et, à son tour, l'anxiété elle-même, générant un cercle vicieux dans lequel l'athlète se retrouve parfois coincé.

L'anxiété dans le sport est souvent causée par l'interaction entre les facteurs personnels de l'athlète et le sport qu'il pratique. Les traits de personnalité de chaque athlète rendront l'anxiété plus ou moins récurrente. Certaines caractéristiques peuvent générer de la pression, comme l'importance d'un événement sportif, l'incertitude de la compétition et des facteurs personnels tels que l'estime de soi ou l'anxiété.

Parfois, il s'agira d'expériences complexes, mais qui

transformeront la vie de l'athlète (comme dans le cas de Kevin Love décrit ci-dessus), d'autres fois, ce seront des épisodes qui peuvent littéralement mettre fin à la carrière d'un athlète.

Qu'est-ce que c'est?

Par définition, l'anxiété est un état émotionnel négatif qui inclut des sentiments de nervosité, d'inquiétude et d'appréhension, liés à l'activation ou à l'éveil de l'organisme. Ainsi, l'anxiété a une composante cognitive appelée anxiété cognitive, et une composante somatique appelée anxiété somatique, qui constitue le degré d'activation physique perçu.

Lorsque l'activation du système nerveux augmente, le corps sécrète de l'adrénaline dans le sang, augmentant le rythme cardiaque, la respiration et la tension musculaire. Cette réaction est notre corps se préparant à augmenter sa capacité de réponse pendant le stress et la nervosité.

Cependant, une nervosité extrême peut amener le corps à continuer de sécréter de l'adrénaline, bien plus que la dose nécessaire, ce qui génère un état de blocage dans sa capacité à répondre à la situation. À ce moment-là, un athlète verra comment sa performance diminue, créant plus de soucis et augmentant son état de stress et son degré d'activation.

Causes

Par exemple, il est particulièrement courant de voir des cas d'anxiété et de stress dans l'athlétisme. Cela répond à plusieurs raisons: c'est un sport pratiqué de différentes manières et dans différentes situations. Parfois, il est pratiqué individuellement, et d'autres épreuves sont collectives ou par équipes. Certaines compétitions permettent à l'athlète de se déplacer à son rythme, tandis que d'autres exigent des sprinters.

Parfois, des niveaux élevés d'anxiété surviennent en raison des attentes que les autres coéquipiers ou l'entraîneur ont de l'athlète, générant du stress pour la compétition. Certaines épreuves nécessitent des tactiques et une préparation, et lorsque vient le moment de la course, se sentir incertain et nerveux peut signifier que la performance n'est pas à la hauteur des attentes.

L'activation fait référence à l'activation physiologique et psychologique générale de l'organisme, qui se produit sous forme d'intensités variables le long d'un continuum observé du sommeil profond à la frénésie, à la panique ou à la colère intense. Lorsque nous parlons de pratique sportive, l'activation sera définie comme une fonction énergisante responsable de tirer parti des ressources du corps face à des activités vigoureuses et intenses.

Qu'est-ce qui augmente le risque de le souffrir?

Selon une étude de l'Organisation mondiale de la santé réalisée en mars 2022, il est estimé que plus de 25% de la population mondiale souffre de certains symptômes liés à l'anxiété sans le savoir. Ce chiffre a explosé après la pandémie et le confinement. Le sport ne fait pas exception.

Dans les cas où un sport est pratiqué, la différence entre le succès et l'échec peut être minime, prédisposant l'athlète à un niveau de stress élevé.

Tout d'abord, le risque de souffrir d'anxiété liée à l'activité sportive dépendra d'un état de tension excessive qui se manifeste en permanence dans la vie de l'athlète. Cela dépasse leur propre force, affectant complètement le plan physique, comportemental et psychologique de l'athlète.

Cela implique une situation d'épuisement chronique, d'un sujet qui vit sa vie dans un effort constant. Ces athlètes ne se reposent pas car quand ils ne s'entraînent pas, ils utilisent leur énergie pour réfléchir à ce qu'ils feront pour améliorer leur performance.

La tension émotionnelle, la surcharge et la fatigue de ces personnes ont une limite physique. Une fois qu'ils ont dépassé ce point, le corps commence à en subir les conséquences. En plus des conditions physiques et mentales, cet état d'émotion constante altère la vie de l'athlète et de tous ceux qui l'entourent.

Il y a un moment dans toute cette chaîne d'événements défavorables où l'athlète s'habitue au rythme mental que le stress et l'anxiété provoquent. Ils l'incorporent comme faisant partie de leur vie et attaquent lentement leur état d'esprit. Finalement, le sujet s'effondre, et toutes les stratégies d'adaptation qui lui ont servi jusqu'à ce moment cesseront.

Chaque athlète vient d'un monde différent. Certains peuvent percevoir la même situation de différentes manières. Peut-être qu'ils n'ont pas le temps nécessaire pour se qualifier pour un test et se sentent comme un échec retentissant malgré tous leurs efforts. Tandis qu'un autre athlète, confronté à la même situation, pourrait considérer cela comme faisant partie du processus d'apprentissage. Et lui donner un cadre optimiste.

Cependant, la différence entre l'anxiété quotidienne et le sport est que l'anxiété du sport a une histoire considérable de charge physique et neuropsychique dans les séances d'entraînement et la compétition, constamment sous pression. Dans ce sens également, chaque athlète a un degré d'activation différent des autres.

Des facteurs personnels doivent être pris en compte, car il y a des gens qui ont besoin d'un degré d'activation plus élevé pour une tâche et d'autres qui peuvent accomplir de la même manière avec moins d'activation.

Anxiété vs Excitation : Quelle est la différence?

L'excitation et l'anxiété sont deux états émotionnels souvent caractérisés par des sentiments intenses et puissants. Cependant, il y a une fine ligne entre ressentir de l'excitation et de l'anxiété. Lorsque nous nous trouvons dans ces états, il est courant de ressentir une sensation d'être submergé. Ce qui nous excite nous cause généralement aussi un peu d'anxiété, et il est important de différencier les deux sentiments.

L'émotion est un état naturel lorsqu'une expérience, un projet ou un événement qui nous motive se présente sur notre chemin. À son tour, elle peut être définie comme un sentiment puissant et intense qui génère en nous des sensations impossibles à ignorer.

Quelle a été la dernière chose qui vous a fait ressentir de l'émotion dans votre vie? Peut-être avez-vous pu changer d'emploi et obtenir ce poste que vous vouliez tant. Il pourrait également s'agir d'un événement familial, comme la naissance d'un fils, d'un neveu ou d'un petit-fils. Ce sentiment intense en nous qui nous pousse à crier sur les toits ce que notre cœur dicte signifie que c'est excitant.

De la même manière, l'émotion peut être causée par des événements tristes ou traumatisants dans nos vies. La même intensité que nous avons évoquée, mais en renforçant des sentiments désagréables. Peut-être avez-vous échoué à un gros examen, eu une dispute avec un ami ou subi une perte récente dans votre famille. Lorsque l'émotion est négative, le mécanisme activé dans le corps est le même.

Les conséquences sont simplement différentes. Notre corps ne traite pas le positif et le négatif de la même manière.

En retrouvant ce chemin, nous pouvons définir ce que signifie se sentir excité. Cependant, identifier cette fine ligne entre émotion et anxiété peut être difficile. Étant donné que le traitement de l'excitation (positif ou non) implique tous les facteurs d'humeur qui entrent en jeu, il est lié aux sentiments d'anxiété.

Par exemple, lorsque nous franchissons cette ligne et transformons l'émotion en anxiété, ce sentiment positif peut se transformer en impatience, également dans les cas où l'émotion nous amène à anticiper des événements. Attendre quelque chose avec tant d'enthousiasme que, si le résultat final n'est pas ce que nous attendions, nous nous sentons déçus et perdons notre enthousiasme avec la peur que nos attentes ne soient pas satisfaites. Cela enlève la joie de nos émotions et les transforme en quelque chose de négatif. Cela nous rend anxieux.

Lorsque nous atteignons ce point où le bonheur ne correspond pas à l'émotion, nous avons franchi le point de non-retour. On peut essayer de contrôler cette situation et réduire les dommages, mais les sentiments de déception vous ont déjà frappé.

L'émotion est un sentiment dont on ne peut guère se détourner. Une fois que ces sensations frappent la porte, il n'y aura pas de stratégie de confinement efficace contre elles. L'excitation est belle lorsque nous pouvons profiter de l'énergie et nous amuser avec le sentiment.

Parfois, l'émotion et l'attente sont telles que l'enthousiasme est maintenu jusqu'au moment où l'objectif est atteint ou que les événements se déroulent. Et puis notre état émotionnel change. Ce n'était pas ce que nous attendions. Ce changement nous déconnecte de l'expérience qui a généré tant d'émotion en nous. Nous perdons la possibilité d'en profiter. Comme si, auparavant, nous avions brûlé les vaisseaux.

Bien souvent, l'émotion naît de l'attente créée autour d'un résultat spécifique. Le succès d'un projet, la réalisation d'un souhait. Et si les choses ne se déroulent pas comme prévu (ce qui arrive rarement), ce changement essentiel que nous espérions dans notre vie ne se concrétise pas. Ou du moins pas immédiatement.

Dans ces cas, notre premier réflexe est probablement de mettre de côté l'émotion. Laissons-la s'estomper, grâce à la perte d'enthousiasme. C'est naturel, mais je vous invite à envisager une autre alternative. Celle qui vous permet de préserver cette émotion et de la transformer au fur et à mesure que les événements se déroulent. Indépendamment de leur résultat final.

Pour commencer, évitez de donner à l'émotion plus de poids qu'elle ne devrait en avoir. Il est parfaitement normal de se sentir enthousiaste et de générer des attentes, mais tout est une question de mesure saine. Si nous sentons que le pendule des émotions nous conduit sur le terrain de l'anxiété, nous devons transformer ce sentiment. Pourriez-vous le ramener à son état d'origine? Retourner à l'excitation.

Renommer l'anxiété comme de l'excitation

Les sentiments d'excitation et d'anxiété sont presque identiques. Les deux accélèrent le rythme cardiaque et génèrent cette sensation dans l'estomac, comparable seulement à ces papillons que nous ressentions quand nous étions enfants. Les deux peuvent être liés à la préparation physiologique que notre corps éprouve lorsque quelque chose de nouveau, différent ou inconnu arrive.

C'est comme lorsque nous nous cognons dans la rue. Tout à fait inconsciemment, le corps se prépare à l'impact. Comme s'il savait avant nous.

Nos comportements, nos actes et nos décisions sont basés sur une base de joie et d'émotion, et non sur la peur. Cependant, au-delà des similitudes, il y a des sentiments qui évoquent des sensations différentes. L'excitation est liée au plaisir, tandis que l'anxiété est directement liée à la peur. La prise de conscience de cette différence est cruciale pour donner à notre vie le cadre approprié.

Cette différence nous permettra de profiter de chaque jour comme il se doit. De plus, sur le plan psychologique, nous serons mieux disposés à reconnaître les nouvelles opportunités et à en profiter sans le ballast de la peur derrière nous.

La peur n'est pas mauvaise. C'est un sentiment valide, nous permettant souvent de procéder avec prudence. Soyez attentif. La peur nous force à réfléchir à deux fois (ou plus) avant de prendre une décision ou d'entreprendre un projet. Habituellement, ces sensations nous permettent d'acquérir de la sécurité dans nos choix ou dans la réalisation de nos projets.

Les sentiments d'excitation et d'anxiété sont presque identiques. Les deux augmentent le rythme cardiaque et génèrent cette sensation dans l'estomac, comparable seulement à ces papillons que nous ressentions lorsque nous étions enfants. Les deux peuvent être liés à la préparation physiologique que votre corps ressent lorsqu'il sait que quelque chose de nouveau, de différent ou d'inconnu arrive.

C'est similaire à quand nous nous cognons dans la rue. Alors que nous tombons, totalement inconsciemment, le corps se prépare à l'impact. Comme s'il savait avant nous.

Nos comportements, actions et décisions partent d'une base de joie et d'émotion et ne sont pas motivés par la peur. Cependant, au-delà des similitudes, il y a des sentiments qui évoquent des sensations différentes. L'excitation est liée au plaisir, tandis que l'anxiété est directement liée à la peur. La prise de conscience de cette différence est cruciale pour donner à notre vie le cadre adéquat.

Cette différence nous permettra de profiter de chaque jour comme il se doit. De plus, psychologiquement, nous serons mieux disposés à reconnaître de nouvelles opportunités et à en profiter sans le boulet de la peur derrière elles.

La peur n'est pas mauvaise. C'est un sentiment valable, qui nous permet souvent d'avancer avec prudence. Faites attention. La peur nous force à réfléchir à deux fois (ou plus) aux choses. Habituellement, à travers ces sensations, on acquiert de la sécurité pour décider ou entreprendre un projet.

C'est un sentiment qui ajoute de la valeur tant qu'il ne contrôle pas tous les aspects de notre vie. Ne devenez pas chronique et ne noyez pas chaque prise de décision. C'est bien qu'il soit co-pilote pour certaines situations, mais ne le laissez jamais conduire notre destin.

Ainsi, comme l'émotion et l'anxiété ont des similitudes marquées, il est nécessaire d'apprendre à identifier leurs symptômes. Apprenez à lire nos pensées et à interpréter le mécanisme qui se met en action lorsque l'un d'eux intervient.

Dans le cas où il s'agit d'une émotion, maintenez-la vivante et profitez-en. Transformez-la en quelque chose de positif. Mais si nous reconnaissons des schémas d'anxiété, il sera nécessaire de changer ces sentiments. Ramenez-les sur le terrain de l'émotion.

Pour ce faire, nous devons nous connaître internement et développer un haut sens de l'intelligence émotionnelle. Ce sera l'outil essentiel, l'atout maître, pour avancer.

Au lieu de lutter directement contre l'anxiété, une meilleure approche consiste à transformer ce sentiment en émotion. Les personnes qui essaient cette stratégie ont plus de chances de réussir. L'anxiété persistante a été liée à des maladies physiques et à des troubles, y compris des problèmes gastro-intestinaux et des maladies cardiaques. L'anxiété devient problématique lorsqu'elle est chronique.

Cela signifie principalement avoir une attitude pessimiste en tout temps, vivre avec un verre à moitié vide. Cette mentalité empêche de voir les opportunités de changement positif. Par conséquent, cela entrave la croissance, l'évolution et la projection d'émotions saines avec de la joie et de l'attente bien canalisées.

Renommer ces sentiments anxieux et les transformer en émotions demande des efforts de notre part. Nous verrons ci-dessous différentes stratégies pour y parvenir.

Il peut y avoir des situations qui ne génèrent que de l'anxiété. Dans ces cas, il n'y a rien à faire d'autre que de la gérer de la meilleure façon possible. Cependant, dans d'autres occasions, on a la liberté de choisir l'approche que nous voulons donner à nos sentiments.

Ces situations sont des opportunités pour démontrer notre capacité, combien nous nous connaissons et combien nous pouvons nous faire du bien. Dans ces cas, l'émotion doit être un élan qui nous permet de nous concentrer sur les résultats possibles et sur ce sentiment agréable après avoir calmé nos anxiétés.

De cette manière, la meilleure option est de se concentrer sur les résultats positifs. Concevoir le processus qui nous excite de manière optimiste pour éviter de gaspiller notre énergie à penser à tout ce qui pourrait échouer. C'est là que l'anxiété s'empare de nous. Être plus excité nous aidera à mieux choisir les prochaines étapes. Cela rendra le succès plus probable.

De plus, il est utile de comprendre dès le départ la réalité inévitable que certaines choses vont échouer. En être conscient, et anticiper que les choses ne se déroulent jamais à 100 % comme prévu. Ainsi, lorsque quelque chose échoue, vous saurez déjà cette situation. Vous en aurez prévu l'impact et pourrez l'anticiper adéquatement, minimisant ses conséquences négatives.

Personnellement, lorsque je me sens anxieux pour une raison quelconque, j'utilise généralement cette énergie pour aller courir. Cela fonctionne pour moi pour la canaliser là-bas. Abandonnez toute cette anxiété à chaque pas et je me sens mieux dès que je termine la course. Peut-être que je n'ai pas résolu la cause de cette anxiété, mais cela ne m'affecte certainement pas comme avant. L'esprit se détend.

Prenez le temps de vous détendre. Une partie de l'anxiété est causée par le fait d'être toujours en mouvement. Assurez-vous de prendre le temps de vous reposer, à la fois votre corps et votre esprit. Consacrez un petit moment de votre journée à faire une activité qui vous apporte la paix.

Vivre avec l'anxiété de manière saine et trouver des moyens d'utiliser ces sentiments de manière positive implique, comme nous l'avons mentionné précédemment, de développer un fort sens de l'intelligence émotionnelle dans votre vie. Pour cela, il est essentiel de se connaître. Ainsi, nous pouvons gérer l'anxiété.

Faire face à l'anxiété de performance sportive

Dans le monde du sport, l'anxiété de performance est celle qui attaque les athlètes dans les moments précédant une compétition majeure. Là, les nerfs sont ressentis avec une intensité inhabituelle. Et ce n'est pas mal de se sentir nerveux ou anxieux. C'est la façon dont notre corps nous dit que nous sommes prêts. Mais une nervosité excessive peut affecter notre performance et donc les résultats attendus.

Certaines personnes sont paralysées par les nerfs. D'autres perdent momentanément la capacité d'exécuter correctement leur sport. Il y a une relation directe entre l'angoisse due au stress de la performance et le rejet de notre corps. Parfois, cela influence négativement le processus de prise de décision ou la performance en général. Pour cette raison, l'Institut Johns Hopkins enseigne aux athlètes que l'anxiété est un sentiment normal et utile et qu'ils doivent être disposés à vivre avec.

Nous devons d'abord identifier quand ces sentiments surviennent pour anticiper les conséquences possibles de l'anxiété de performance sportive. Les symptômes sont caractéristiques : tension musculaire, mouvements rapides, erreurs dans l'exécution technique de la discipline pratiquée ou démonstrations agressives. Peut-être l'exemple le plus clair de ce type de réaction peut être vu au tennis, lorsque le joueur fracasse sa raquette contre le sol. Cela montre son état d'esprit, son impuissance pour certains coups. La seule façon de se décharger de cette tension est de détruire sa raquette. Ce qui est à portée de main.

Gérer l'anxiété de performance sportive implique également votre capacité à planifier. Toutefois, rester fidèle à l'idée originale et s'en tenir au plan de jeu aide à réduire le stress. Maintenir le degré de concentration nécessaire pour agir sous pression et recalculer (si nécessaire) votre plan d'action, cette stratégie que vous avez pensée avant le match. Ainsi, vous saurez quoi faire en cas d'événement imprévu.

Restez positif. Essayez de vous entourer de personnes qui renforcent ces sentiments, cet optimisme, et vous verrez des résultats positifs. Vous sentirez votre estime de soi augmenter et les pensées qui contribuent à l'anxiété diminuer. Soyez votre premier critique, mais faites-le de manière constructive.

Et n'oubliez pas de respirer. La respiration est une partie essentielle de l'autorégulation. Prenez de profondes inspirations et des exhalations lentes. Et concentrez-vous sur la relaxation. L'anxiété diminuera automatiquement, vous permettant de surmonter cette peur de l'échec sportif.

Exercices interactifs

Dans le monde du sport, il y aura toujours un certain niveau de stress ; il est donc important de savoir comment le gérer. Nous allons maintenant voir plusieurs techniques à pratiquer lorsque vous faites du sport. Il sera essentiel de savoir lesquelles d'entre elles vous conviennent le mieux.

Respiration profonde: utiliser la respiration est l'une des premières étapes pour contenir le stress et essayer de se détendre. La respiration profonde nous relie à des aspects de notre intérieur. C'est une pratique conçue pour vous faire prendre conscience de votre respiration, et l'acte de respirer devient thérapeutique.

Prenez une grande inspiration et sentez vos poumons se remplir d'air. Sentez le son de l'air à travers votre corps, votre poitrine qui se dilate et vos muscles abdominaux qui se tendent. Et une fois que vous avez inspiré, retenez votre respiration pendant 5 secondes. Puis expirez lentement. Prenez votre temps. Faites-le avec votre bouche à moitié fermée, lentement. Répétez cet exercice cinq fois. Cela vous aidera à vous détendre, à baisser votre rythme cardiaque et à aligner vos idées.

Relaxation musculaire : trouvez un endroit confortable et calme chez vous et allongez-vous sur le lit ou le canapé. Prenez conscience de comment votre poids corporel s'enfonce dans le matelas. Sentez également comment la poitrine se déplace à chaque fois que vous respirez.

Commencez à contracter un groupe de muscles avec force. Gardez-les contractés pendant environ cinq secondes, puis relâchez-les. Répétez l'exercice cinq fois, puis passez à un autre groupe de muscles.

Pour finir, relaxez votre corps et votre esprit et passez en revue chaque zone de votre corps, en relaxant vos muscles. Jusqu'à ce que ce poids qui au début enfonçait le matelas devienne de plus en plus léger.

Allez dans votre endroit heureux: cette visualisation réduit souvent efficacement l'anxiété et le stress. Vous devriez imaginer un endroit ou une situation calme et paisible. Sentez le stress quitter votre corps.

Anxiété de sécurité: prenez une profonde inspiration et expirez; lorsque vous le faites, échangez le stress contre la relaxation. Répétez ce processus jusqu'à ce que vous vous sentiez calme.

Pleine conscience: avec cette technique, l'idée est d'atteindre un niveau de concentration absolu, physique et mental. Concentrez l'énergie et canalisez les pensées. Contrôlez le stress ou l'anxiété et concentrez-vous sur le présent sans vous soucier du passé ou du futur.

La pleine conscience vous permet, entre autres choses, de prendre conscience de tout ce qui est sous votre contrôle. De cette façon, vous commencerez à sentir que vous avez arrêté de vous inquiéter.

Ces choses sur lesquelles le résultat dépend de vous, celles qui sont sous votre contrôle, vous les avez sous contrôle. En ce qui concerne ce qui est totalement hors de votre contrôle, vous n'avez aucune raison de vous inquiéter. Parce que, en effet, vous n'influencerez pas le résultat final.

Créez une routine: Avoir une routine pour votre vie est

essentiel pour contrôler (voire réduire) le stress. Comme nous l'avons vu précédemment, ce sentiment est directement associé à la peur. Et parmi elles, la peur de l'inconnu paralyse généralement la plupart des gens.

La routine vous permet de gagner un certain degré de contrôle sur les variables. Elle vous donne un cadre de référence pour passer la plupart de vos journées. Concentrez-vous dessus. Il n'y aura pas de grands chocs. Il ne devrait pas y en avoir. Vous pourrez vous concentrer sur la routine et réduire les facteurs qui génèrent du stress.

Restez positif: Soyez optimiste quant à l'avenir et à vos possibilités. Faites confiance à votre capacité à faire face à toutes les situations qui vous affectent. Restez actif et réceptif, et entourez-vous de personnes ayant la même attitude.

Vous verrez que plus vous obtiendrez des commentaires positifs de personnes positives, mieux vous vous sentirez. Et ce sentiment, faisant partie de votre routine quotidienne, vous permettra de profiter de nouvelles et meilleures opportunités.

Le sport n'a de sens que si l'athlète prend plaisir à le pratiquer. Chaque discipline a des leçons à enseigner, et une saine compétition peut créer des liens forts et amicaux. Que ce soit pratiqué de manière professionnelle ou amateur, le sport devrait être un espace de plaisir.

Le sport doit être un endroit où l'athlète peut laisser toute son énergie, ses désirs et ses peurs les plus profondes. Où il peut se connecter avec les aspects les plus primitifs de lui-même, mais où la dynamique de la compétition l'oblige à penser. Cela l'oblige à utiliser ses ressources mentales pour remporter la victoire.

Si vous prenez plaisir à faire du sport, si vous êtes enrichi par l'expérience et si vous ressentez ce que je vous dis... alors vous serez en mesure de gérer correctement votre niveau de stress. C'est un sentiment attendu, naturel et contrôlable.

Jusqu'à présent, nous avons vu la façon logique de modifier notre esprit, notre corps et notre vie de différentes manières qui mènent au même objectif.

Comme nous l'avons vu dans ce chapitre, l'anxiété est une épée à double tranchant. Elle peut être notre pire ennemi, ruinant littéralement toutes nos tentatives d'amélioration en tant qu'athlètes. Elle peut être décisive pour fermer une course, définir une pénalité ou frapper un coup de circuit. Cela peut être la seule différence entre le gagnant et le perdant, entre atteindre nos objectifs ou non.

L'idée est de transformer cette anxiété en excitation. La convertir en énergie qui nourrit le moteur de la vie. Ce n'est pas facile, c'est clair. Ce n'est pas une promenade de santé pour réaliser des changements substantiels dans cet aspect. Une anxiété mal gérée est corrosive. Un stress mal géré est toxique.

Par conséquent, nous verrons des résultats positifs si nous suivons le bon chemin et organisons nos esprits à travers les différentes stratégies vues dans le chapitre pour réduire et contrôler les niveaux d'anxiété.

Mais pour cela, nous devons devenir des êtres humains mentalement renforcés en plus des exercices. Nous devons connaître notre potentiel, croire en nous-mêmes et savoir qu'il y aura des échecs.

Le succès dépend de la façon dont nous traitons ces échecs et dans quelles conditions nous nous relevons. C'est là la clé de tout cela. L'attitude, la mentalité et l'intégrité avec lesquelles nous traitons les coups et la construction d'un caractère résilient.

4

CONFIANCE EN SOI ET RÉSILIENCE

La plupart des athlètes qui atteignent un haut niveau de succès et de renommée ont tendance à être très clairs quant à leur confiance en eux. C'est généralement une partie intégrante d'eux-mêmes, un aspect qui les accompagne en permanence. Ce sont des athlètes établis qui ont bâti leur carrière sur le sacrifice pour se démarquer dans la compétition et être meilleurs que leurs rivaux.

Bien sûr, l'obtenir n'est pas facile. Personne ne donne rien gratuitement à ces athlètes. Ils doivent s'efforcer à chaque instant de surpasser leurs concurrents. Pour ce faire, ces personnes ont un haut niveau de développement physique, technique et mental. Et s'ils parviennent à les surpasser, ils doivent rester au-dessus d'eux.

Soyez convaincu à 100% de vos capacités. Il n'y a pas de syndrome de l'imposteur ici. Ces athlètes conçoivent la confiance en soi comme la certitude de se sentir à la hauteur de la tâche à accomplir. Ils ressentent au plus profond de leur cœur (ils le savent comme une certitude universelle) qu'ils peuvent répondre aux attentes.

Les états physiologiques peuvent réduire les sentiments de confiance en soi à travers des phénomènes tels que la tension musculaire, les palpitations et les papillons dans l'estomac. Les sensations corporelles associées à la compétition doivent être perçues comme facilitant la performance, ce qui peut être atteint en appliquant des interventions appropriées de gestion du stress.

Vous connaissez probablement quelqu'un dont la confiance en soi a cette qualité inébranlable, dont l'ego résiste même aux plus grands revers. Chez de telles personnes, la confiance est une qualité si résiliente. Cependant, on peut devenir arrogant si l'on vit sans être attentif à ses niveaux de confiance. Et dans la vie sportive et la compétition de haut niveau, l'arrogance a un coût.

Pour construire une confiance en soi adéquate, l'athlète doit savoir que l'échec est toujours une possibilité dans l'équation. Ceux qui restent au plus haut niveau dans chacune de leurs disciplines n'y parviennent pas en étant parfaits. Personne ne l'est.

Bien que parfois cela puisse ne pas sembler le cas, ce sont des êtres humains. Avec tout ce que cela implique. Ce sont des gens qui ont des bons jours et des mauvais jours - de meilleures performances et des jeux où rien ne leur réussit. En plus de cela, ils peuvent avoir des problèmes de santé qui les affectent avant une compétition (c'était le cas de Ronaldo

Luiz Nazario - le vrai "Ronaldo" - la nuit avant la finale de la Coupe du Monde 1998 en France).

La source la plus importante de confiance en soi fait partie de votre état émotionnel. Cela a à voir avec le contrôle des émotions de la compétition, telles que l'anxiété, les attentes et la pression. Plus l'instance dans laquelle vous compétitionnez est importante, plus l'intensité de ces sensations est grande.

Il y aura des moments de doute et des pensées d'insécurité qui ne collaborent pas avec la formation de la confiance de l'athlète. Il sera important pour lui de pouvoir contrôler ces pensées. De les doser.

De nombreux facteurs peuvent mettre un athlète hors compétition. Cela affecte leur estime de soi, leur performance et leur relation avec le public.

David Beckham, par exemple, en a fait l'expérience en 2004.

Beckham a manqué un penalty décisif lors de la Coupe d'Europe de cette année-là. Il était un milieu de terrain de classe mondiale, un tireur de coup franc éminent (et le mari de Victoria). Après la Coupe du Monde et la Ligue des Champions, cette coupe d'Europe est la compétition de football la plus importante. Elle occupe la troisième place dans le classement, et tous les joueurs veulent la gagner avec leurs équipes respectives.

Dans ce match, l'Angleterre et le Portugal ont fait match nul 1-1 en temps réglementaire, ont marqué un but de plus chacun en prolongation, et ont fini par un résultat de 2-2. La définition a donc été prolongée jusqu'aux tirs au but.

Là, Beckham n'a même pas tiré le penalty décisif, mais a plutôt entrepris d'exécuter le premier penalty de son équipe. Cependant, en tant que capitaine de l'équipe, les fans s'attendaient à ce qu'il performe bien à ce moment clé.

David a raté, et son équipe a commencé la séance de tirs au but en étant désavantagée. Cependant, l'un des tireurs portugais a également raté son penalty, et la série était à égalité. Cependant, le tir de Beckham était tellement mauvais que sa performance a affecté la confiance de toute l'équipe dès le premier instant.

Au contraire, la confiance du gardien portugais (Ricardo) était meilleure que jamais. Il a arrêté le penalty décisif (tiré par Vassel), donnant ainsi la victoire à son équipe et éliminant l'Angleterre de la compétition.

L'échec de Beckham n'a pas été décisif, mais il a détruit l'ambiance et la concentration de toute son équipe. Leurs adversaires avaient déjà la moitié de la victoire dans leur poche à partir de ce moment-là - la victoire mentale. Quant à l'événement lui-même, ce penalty était tellement perfide que le ballon de ce tir a été sauvé par un fan et vendu aux enchères des années plus tard, atteignant la somme de 10 millions d'euros sur eBay.

L'Art Complex de Croire en Soi

Le chemin qui mène à la construction d'une confiance en soi adéquate n'est pas facile. Il exige des efforts et des sacrifices et implique de se prêter pleinement à l'expérience. Nous devons analyser notre esprit, notre cœur et notre corps.

Si vous avez un bon niveau de confiance en vous, vous devez expliquer à quoi cela répond. Quels mécanismes de notre vie et de notre manière d'être construisent et renforcent cette confiance en nous-mêmes? On sait que les réalisations de performance contribuent le plus à la confiance en soi dans le sport. Lorsque vous réussissez une compétence avec succès, vous renforcez votre confiance et êtes prêt à essayer quelque chose de légèrement plus difficile.

Ces personnes comprennent qu'il est nécessaire d'organiser l'apprentissage de cette compétence en une série de tâches progressivement croissantes qui vous permettent de maîtriser chaque étape avant de passer à la suivante. Comme nous l'avons mentionné dans les chapitres précédents, courir est impossible si nous n'apprenons pas d'abord à marcher.

Ceux d'entre nous qui se trouvent de l'autre côté de la rue, sur le côté opposé de la route de la confiance en soi, doivent travailler deux fois plus dur pour acquérir des niveaux adéquats d'estime de soi. Cela ne vient pas naturellement pour nous, mais implique un effort conscient et constant. Nous devons prêter une attention particulière à nos déclencheurs. À ce qui diminue notre confiance, notre sécurité et notre estime de soi.

La confiance en soi a été prouvée pour améliorer les performances de la grande majorité des athlètes. De nombreuses études ont démontré que le niveau de confiance et le niveau de performance sportive sont directement proportionnels. Même dans des conditions strictement contrôlées, il a été démontré que la performance est significativement affectée lorsque la confiance est manipulée (pour le meilleur ou pour le pire).

L'art de croire en soi est complexe. Il a à voir avec la façon dont nous percevons notre propre vie et existence. Aussi, avec les attentes que nous créons pour nous-mêmes. Où voulons-nous aller? Comment voulons-nous le faire? Avons-nous des rêves ou des désirs à réaliser? Qu'est-ce qui nous arrête?

Croire en soi signifie également se connaître. Nous devons connaître nos limites physiques et mentales, notre corps et ses signaux. Être conscient à la fois de nos limites et de ces points forts qui nous distinguent des autres.

Et connaître aussi nos peurs. Prendre en charge nos peurs, être responsable de ce qu'elles génèrent en nous et de l'impact qu'elles ont sur notre performance dans la vie et dans le sport.

Les pires peurs de l'athlète

En plus de tout le travail interne, tous les efforts et la connaissance de soi impliqués pour maintenir les performances sportives malgré le stress et l'anxiété, il a été démontré que le soutien familial et social affecte également positivement l'esprit de l'athlète.

Cela réduit les effets du stress compétitif et des niveaux d'anxiété et augmente la confiance de l'athlète. Pour cela, de plus en plus d'entraîneurs considèrent la préparation mentale de leurs athlètes comme un facteur déterminant. Même en les préparant dès leur plus jeune âge. De cette façon, ils peuvent construire leur carrière basée sur un bon état de santé mentale et devenir des adultes prêts à faire face aux exigences de l'environnement.

Dès qu'un enfant commence à pratiquer un sport, il commence déjà à développer ses propres ressources et stratégies. C'est pourquoi travailler sur les aspects mentaux et psychologiques des jeunes athlètes est si important.

Cependant, les peurs des athlètes sont une réalité à laquelle chaque entraîneur doit savoir comment faire face.

Lorsque nous pensons aux craintes des athlètes de haut niveau, nous faisons référence à ces préoccupations qui les attaquent dans les moments précédant une compétition.

Tokyo 2020 a permis de mieux comprendre que le sport de haut niveau expose les athlètes à des situations de stress et de pression énormes. Chaque athlète est différent et gère le stress de la compétition différemment.

Il y a des personnes ayant tendance à souffrir de problèmes légers, tandis que d'autres peuvent tomber dans la dépression et les troubles anxieux. Il est donc essentiel que l'athlète se connaisse et adapte des stratégies pour contrer les effets psychologiques de l'anxiété.

"Je ne suis pas à l'aise pour parler en public et je ressens une immense anxiété lorsque je dois m'adresser à la presse mondiale", a déclaré la figure du tennis japonais Naomi Osaka. Elle a été condamnée à une amende pour avoir refusé de donner des conférences de presse à Roland Garros.

L'anxiété pré-compétitive et l'incertitude du résultat sont généralement les peurs les plus courantes. La peur de ne pas performer comme à l'entraînement, de ne pas répondre aux attentes, de ne pas être à la hauteur de ce que les autres attendent.

La vérité est que la psyché d'un athlète d'élite est la même que celle de n'importe quelle personne. La différence réside dans la façon de penser et de ressentir. Les athlètes d'élite optimisent les connexions neuronales au maximum, automatisant les mouvements techniques les plus importants de leur sport. Ils doivent être des experts dans l'utilisation maximale de leurs propres ressources, physiques et mentales.

Quand l'athlète comprend que la vraie compétition commence contre lui-même, son amélioration quotidienne sera son succès. C'est alors qu'il commence à travailler sur son système d'amélioration continue pour atteindre la meilleure version de lui-même, quelle qu'elle soit.

Dans le sport, on accorde trop d'importance à gagner ou perdre. On peut passer du succès à l'échec en quelques secondes, et l'athlète doit apprendre à gérer correctement ses attentes et à s'adapter aux différentes situations qu'il devra affronter.

Chaque sport a ses particularités et ses exigences mentales. Certains nécessitent plus de précision, d'autres plus de concentration, etc. Cependant, les sports individuels exigent plus d'habileté et de force mentale. Dans les sports d'équipe, la responsabilité est plus diluée, mais d'autres variables, telles que le leadership, la cohésion ou la coordination de groupe, entrent en jeu. L'important est d'adapter les ressources aux différents besoins de l'athlète et de prendre soin de l'environnement.

Définissons la résilience

C'est la capacité de s'adapter aux situations difficiles, transformant positivement leurs conséquences. Au départ, elle était interprétée comme une condition innée, mais elle a ensuite été prise en considération non seulement pour les facteurs individuels mais aussi pour les facteurs familiaux, culturels et environnementaux du sujet.

Actuellement, la résilience est comprise comme la capacité de réussir de manière acceptable pour la société malgré le stress ou l'adversité, impliquant normalement un risque sérieux de résultats négatifs. Elle est également définie comme un processus de compétitivité où la personne doit s'adapter positivement aux situations difficiles.

Au cours des deux dernières décennies, le domaine de la psychologie s'est intéressé à la résilience, après que plusieurs études ont montré comment certains enfants qui ont connu des situations extrêmes et traumatisantes pendant leur enfance n'ont pas développé de problèmes mentaux ou de comportements criminels plus tard.

Selon la psychologue Catherine Moore, ces enfants ont réussi à devenir des adultes sains et fonctionnels, malgré les terribles adversités qu'ils ont dû affronter, et ils ont attiré l'attention des psychologues. Pour cette raison, on interprète qu'il existe différents niveaux de résilience. Certaines personnes seront plus susceptibles de surmonter ces défis de vie sans problèmes, tandis que d'autres verront leurs comportements et leurs décisions affectés par ces traumatismes.

Les personnes résilientes savent comment maximiser les résultats avec ce qu'elles ont à portée de main. Elles peuvent voir des opportunités là où les autres voient des problèmes et ont une mentalité qui leur permet d'utiliser ces opportunités à leur avantage.

Elles sont généralement optimistes, mais pas trop. Elles surmontent les difficultés sans générer trop d'attentes quant aux résultats. Elles ont également un développement global de leur bon sens. De cette façon, elles peuvent interpréter et canaliser les événements de leur vie pour le bien.

Comment la résilience impacte-t-elle le sport?

La résilience est une qualité fondamentale dans n'importe quel sport. Les blessures sont, parmi de nombreux facteurs, la plus grande adversité à laquelle un athlète sera confronté. Les athlètes doivent faire face au stress des compétitions et à la pression d'être les meilleurs dans leur domaine. À cela, il faut également ajouter la préoccupation de travailler avec son propre corps et la vérité souvent cachée derrière les médailles: le sport d'élite punit souvent le corps.

Pour ceux qui ne le pratiquent pas professionnellement, le sport peut devenir un outil pour entraîner certains aspects psychologiques. La résilience, parmi eux.

Pour les athlètes, cependant, la plupart des pressions sont auto-imposées. Il convient également de reconnaître que beaucoup n'ont pas d'autre choix que de les gérer eux-mêmes. Cependant, l'obligation de faire face à ces pressions leur confère une maturité qui leur permet de développer et de renforcer leur résilience. Ainsi, ils deviennent des personnes engagées avec une grande détermination. Ils développent également la foi qui vient d'avoir vécu de nombreuses tempêtes et de savoir que les nuages se dissipent.

Pensons que les athlètes souffrent de blessures, de problèmes de performance et de maladies qui peuvent les empêcher d'exercer leur travail. Cependant, malgré cela, beaucoup d'entre eux rebondissent après des revers. Pour certains athlètes, surmonter une blessure peut être le plus grand défi de leur carrière. Ce n'est pas facile. Cela implique souvent un effort physique et mental énorme.

Cependant, leur force mentale leur permettra de rester à flot lorsque d'autres couleront. C'est le produit de leur expérience, mais aussi un exercice d'engagement et de persévérance.

Exercices interactifs

Il existe différentes stratégies pour optimiser les niveaux de confiance en soi et les appliquer dans le sport. Voici trois exercices spécifiques que vous pouvez pratiquer dans votre vie quotidienne. Vous remarquerez des résultats positifs en peu de temps, en contrôlant vos anxiétés, en réduisant vos insécurités et en renforçant votre estime de soi.

Exercice 1: Reconnaître les avantages et les inconvénients.

Pour atteindre la stabilité de votre confiance, il est nécessaire de savoir exactement ce qui la mobilise. Prenez une feuille de papier et divisez-la en deux colonnes. Étiquetez la première colonne "situations de grande confiance" et la deuxième colonne "situations de faible confiance".

Dans la première colonne, énumérez toutes les situations ou circonstances dans votre sport où vous vous sentez complètement en sécurité. Ces moments où vous savez que vous pouvez répondre de manière appropriée seront positifs pour vous fournir plus de sécurité.

En revanche, dans la deuxième colonne, énumérez les situations ou circonstances qui font parfois chuter votre confiance.

Identifier les situations qui vous mettent mal à l'aise est la première étape pour renforcer votre confiance en vous. Cela devrait vous avoir permis d'augmenter votre prise de conscience des domaines à améliorer.

Exercice 2: Visualiser l'objectif de réussite.

Cet exercice de visualisation recrée l'état d'esprit associé à une performance sportive réussie. Il vous aidera à combler l'écart entre votre capacité et votre confiance.

Imaginez un énorme projecteur éclairant le sol. Pensez maintenant à un moment de votre carrière sportive où vous avez réalisé votre meilleur résultat. Pensez et reconstituez chaque mouvement que vous avez effectué. Analysez ce qui a produit un résultat réussi.

En vous regardant de l'extérieur, examinez chacun de vos cinq sens. Voyez-vous à l'intérieur du cercle et sortant du lot. Imaginez exactement ce que "vous" ressentez, voyez, entendez et sentez à l'intérieur du processus.

Maintenant, entrez dans le projecteur et devenez un

partenaire à part entière pour vivre les événements à travers vos propres yeux et en temps réel. Une fois de plus, remarquez ce que vous voyez, entendez et ressentez. Remarquez exactement comment cela se sent, afin de pouvoir le rejouer à volonté chaque fois que votre confiance diminue.

Exercice 3: Exploitez les faiblesses de votre adversaire.

Votre adversaire aura des doutes et des craintes. Comme tout être humain, il est susceptible d'anxiété, de fatigue et d'indécision. Si vous passez du temps à réfléchir à vos adversaires, concentrez-vous sur les faiblesses et les fragilités que vous pourriez exploiter le plus facilement.

Étudiez les images de vos adversaires et reconnaissez les facteurs qui influencent négativement leurs performances. Ils peuvent ne pas être en mesure de performer dans certaines conditions ou avoir des problèmes spécifiques à considérer.

Dans les sports d'équipe, identifiez les joueurs facilement contrariés et déterminez ce qui les rend en colère. Qu'est-ce qui les distrait et les sort de la compétition.

Un exemple clair de cette stratégie a été vécu lors de la Coupe du Monde de 2006. Le défenseur italien Marco Materazzi, bien que controversé, a utilisé cette technique lors de la finale du tournoi contre son adversaire, le Français Zinedine Zidane. Il aurait insulté sa sœur, ce qui a provoqué une réaction violente de l'athlète français et il a été expulsé. La France a perdu son capitaine et a subi un coup émotionnel sévère. Le résultat final ? L'Italie championne.

Nous avons déjà la structure. Nous avons les outils. Nous avons déjà parcouru un chemin d'enseignements, d'apprentissages et de changements. Il est temps de récolter nos fruits.

Atteindre le point où nous sommes est une étape importante. Cela signifie que vous avez réussi à changer votre mentalité et à transférer ce changement de perspective à votre corps. De cette manière, vous disposez, inconsciemment, du succès.

Nous sommes honnêtes avec nous-mêmes, connaissant nos forces et nos faiblesses, et sachant irréfutablement où nous sommes justes et où nous ne le sommes pas. À partir de là, nous commençons à atteindre nos objectifs et à générer des attentes réalistes.

Le mauvais canalisation de l'anxiété est également une chose du passé. Nous avons déjà appris à le reconnaître et à l'utiliser à notre avantage. Et selon ce qui a été discuté dans ce chapitre, croire en nous-mêmes et assimiler les coups de la vie comme faisant partie du processus d'apprentissage est essentiel. Cela marque la différence.

Ensuite, nous plongerons dans l'intelligence émotionnelle - l'idée de la maturation de notre esprit et de notre cœur.

La vérité est que, avec les années, nous changeons. Nous apprenons, mûrissons et incorporons de nouvelles choses qui font de nous (pour des fins pratiques) des personnes différentes.

Un bon niveau d'intelligence émotionnelle doit accompagner cette maturation. Devenir les protagonistes de notre histoire. De cette façon, vous pouvez soutenir l'effort et vous améliorer sportivement.

5
DEVENIR ÉMOTIONNELLEMENT INTELLIGENT

Intelligence Emotionnelle: une Vue d'Ensemble

Le concept d'intelligence émotionnelle (IE) émerge comme une tentative de la psychologie pour expliquer les facteurs d'intelligence qui ne dépendent pas de l'intellect. Il tente d'expliquer ces échantillons de capacité de raisonnement, de bon sens et de vision panoramique de certaines personnes pour s'entendre dans la vie et qui ne sont pas incorporés académiquement.

Les personnes ayant un immense potentiel d'action et ayant acquis une force émotionnelle adéquate. Ce n'est pas une connaissance acquise dans une salle de classe explorant les détails de la théorie. Au contraire, ce sont des applications pratiques de tous les jours.

Nous devons penser à l'intelligence émotionnelle comme à une construction de notre esprit qui nous aide à comprendre comment nous pouvons traiter et interpréter de manière intelligente à la fois nos émotions et les états émotionnels des autres. Cet aspect de la dimension psychologique humaine joue un rôle fondamental dans notre manière de socialiser et dans les stratégies d'adaptation à l'environnement que nous suivons.

Cela a à voir avec la capacité d'une personne à observer son environnement en ce qui concerne les émotions. Cela implique la réceptivité, la compréhension, la générosité et surtout, l'empathie. Comprendre l'autre est aussi essentiel que de se comprendre soi-même. Cette caractéristique de notre relation avec les autres, en exprimant et en contrôlant nos émotions, et en comprenant les émotions des autres, sera essentielle pour réussir.

Dans les aspects purement sportifs, l'IE sera un outil fondamental pour soutenir le corps et l'esprit dans les moments difficiles. Certains experts suggèrent même qu'il peut être plus important que le QI dans votre succès global dans la vie.

La culture de l'IE est une route difficile et sans fin car on ne peut jamais être "totalement intelligent". L'intelligence est comme un muscle qui doit être entraîné tous les jours, à tout moment, jusqu'à la fin de nos vies.

Les informations que nous collectons grâce à l'IE sont essentielles pour répondre aux demandes quotidiennes. Tant personnelles que sociales. Cela rend les hommes polyvalents, adaptables et capables de vivre en société. Les objectifs spécifiques, les pauses et les impulsions construisent l'expérience que nous appelons la vie.

L'intelligence émotionnelle dans le sport

Les émotions jouent un rôle vital dans notre vie quotidienne. Prenons le temps de réfléchir à l'importance des émotions dans notre vie. Nous réaliserons rapidement qu'il y a de nombreuses occasions où elles ont une influence décisive sur notre vie, même si nous ne nous en rendons pas compte. Et dans le sport, l'incorporation de l'IE en tant qu'outil nécessite une pratique consciente et orientée.

Il est nécessaire d'être conscient de ses propres émotions. Il est nécessaire de conduire nos réactions émotionnelles et de compléter ou de remplacer le programme de comportement par une réponse orientée vers le jeu et les besoins du moment de l'événement sportif. Pour ce faire, chaque grand athlète poursuit des objectifs tels que persévérer et apprécier l'apprentissage, construire la confiance en soi et être capable de faire face aux défaites. C'est la seule façon d'augmenter ses chances de réussite.

Le sport est un moyen d'apprendre l'intelligence émotionnelle, et les athlètes qui gèrent ces compétitions amélioreront leur performance sportive. La relation intrinsèque entre ces variables fait que la plupart des athlètes de haut niveau prennent leur état émotionnel et leur santé mentale au sérieux.

Il convient de dire que chaque personne aura un domaine différent de ses émotions. Cette qualité est généralement très personnelle. Il y a des personnes avec cette facette qui sont significativement plus développées.

En outre, il existe une relation inversement proportionnelle entre l'intelligence traditionnelle et l'intelligence émotionnelle. Certaines personnes ayant des performances logiques et analytiques élevées ont été montrées pour manquer des caractéristiques sociales qui signifient un bon degré d'intelligence émotionnelle.

D'autre part, nous pouvons trouver des personnes dont les capacités intellectuelles sont très limitées. Cependant, elles parviennent à mener une vie réussie, tant sur le plan sentimental que professionnel.

Améliorez vos émotions, améliorez vos performances

Pour incorporer l'intelligence émotionnelle dans votre routine d'entraînement quotidienne, vous devez répondre à certaines exigences de base. Analysez votre propre cœur à la recherche des éléments de l'intelligence émotionnelle. De cette manière, le psychologue Daniel Goleman (un pionnier dans l'étude de l'IE) reconnaît cinq aspects fondamentaux à prendre en compte:

- l'auto-connaissance ou la conscience émotionnelle de soi
- l'autorégulation émotionnelle
- l'auto-motivation
- l'empathie
- les compétences sociales.

Pour commencer, la connaissance de soi renvoie à la

connaissance de nos sentiments et émotions. Comprendre comment ils nous affectent et dans quelle mesure ils influencent notre comportement et nos décisions. Identifier nos capacités et nos points faibles. Il est crucial de savoir où nous en sommes et de ne pas demander plus ou moins que cela.

Je me connais suffisamment bien pour utiliser ces ressources ou outils, afin de ne pas ramener ma colère ou ma frustration à la maison. Dans mon cas, par exemple, quand j'ai une mauvaise journée de travail, je sais que je dois aller courir juste après être rentré chez moi. C'est une obligation, car je sais que c'est là que je vais laisser mon malaise.

En général, dès que je rentre chez moi, je salue ma famille, je me change et je pars. Je ne m'absente pas longtemps parce que je veux être avec eux. Je ne fuie pas, mais j'essaie d'être bien pour eux. Je sais que ce sera pire si je reste avec eux et que je n'élimine pas la charge négative qui me trouble.

Se connaître soi-même implique parfois de se mettre en avant. Prioriser vos besoins, calmer les demandes de votre corps, puis reprendre le cours de la vie.

D'autre part, le contrôle émotionnel nous permet de réfléchir et de contrôler nos sentiments ou émotions pour éviter de nous laisser emporter par eux.

Il consiste à savoir détecter les dynamiques émotionnelles et à identifier celles qui sont temporaires et durables. Cela signifie être conscient des aspects d'une émotion que nous pouvons exploiter et comment nous pouvons nous connecter à l'environnement pour enlever le pouvoir d'une émotion qui nous fait plus de mal que de bien.

Avoir une référence claire de ce qui se passe lorsque vous ressentez quelque chose de spécifique. Sur le plan physiologique, qu'est-ce qui se passe dans votre corps et dans votre esprit? Votre comportement futur en dépendra.

Pour qu'il y ait une réaction, il doit d'abord passer par le filtre de la régulation émotionnelle. En un certain sens, une bonne partie de la régulation des émotions consiste à savoir gérer notre focalisation d'attention.

De plus, une partie du contrôle de soi nécessite la capacité d'anticiper les conséquences.

Pour maîtriser l'autorégulation, le langage est un outil utile. Trouver les mots, le récit et la cohérence discursive pour nous exprimer clairement.

Ne laissez pas de fils lâches, ne laissez rien à l'interprétation des autres. De cette manière, nous faisons savoir à l'autre nos intentions et nos sentiments. Et nous lui donnons de l'espace pour que l'intelligence émotionnelle de l'autre entre en action.

La motivation personnelle doit être liée à la construction d'une intelligence émotionnelle adéquate. Elle affecte également notre capacité à fixer des objectifs, à nous concentrer et à maintenir le niveau de concentration qui nous permet de mettre l'accent sur les choses positives en cours de route au lieu des adversités.

Pour ce faire, nous devons partir d'une base purement optimiste. Soyez positif et prenez l'initiative. Personne ne commencera ce chemin pour nous. C'est un moment où, en tant qu'être humain, nous devons agir et trouver ces facteurs qui maintiennent notre enthousiasme dans le temps.

Il y aura toujours des événements imprévus; cependant, vous devez surmonter ces obstacles de manière constructive. Concevez-les comme faisant partie du processus d'apprentissage, comme nous l'avons vu se produire avec un état d'esprit flexible. Grâce à la capacité de nous motiver, nous pouvons laisser derrière nous ces obstacles qui sont basés uniquement sur l'habitude ou la peur injustifiée de ce qui pourrait se passer.

L'empathie est fondamentale pour le développement correct de l'être humain social. Les relations interpersonnelles sont basées sur l'interprétation correcte des signaux que les autres expriment inconsciemment et émettent souvent de manière non verbale.

Reconnaître les émotions et les sentiments des autres est la première étape pour comprendre et s'identifier aux personnes qui les expriment. Les personnes empathiques sont celles qui, en général, ont de meilleures compétences et compétences liées à l'intelligence émotionnelle.

Une bonne relation avec les autres est une source essentielle de notre bonheur personnel et même, dans de nombreux cas, de bonnes performances professionnelles. Il faut savoir traiter et communiquer avec ceux qui sont gentils ou proches de nous. Mais l'une des clés de l'intelligence émotionnelle est de le faire avec des personnes que l'on n'aime pas.

Et c'est que ce type d'intelligence est étroitement lié à l'intelligence verbale, de sorte que, en partie, elles se chevauchent. Cela peut être dû au fait que la façon dont nous vivons les émotions est en partie médiatisée par nos relations sociales et notre façon de comprendre ce que les autres disent.

Ainsi, nous allons au-delà de la réflexion sur la façon dont les autres nous font sentir. Toute interaction entre êtres humains se déroule dans un contexte spécifique. Peut-être que quelqu'un a fait un commentaire désobligeant à notre sujet parce qu'il est jaloux ou simplement besoin de baser son influence sociale sur ce comportement.

L'intelligence émotionnelle nous aide à réfléchir aux causes qui ont déclenché le comportement des autres. Nous faisant ressentir une certaine façon au lieu de réfléchir à ce que nous ressentons et de décider comment nous réagirons à ce que nous ressentons.

Exercices interactifs

Un bon exercice pour optimiser vos niveaux d'intelligence émotionnelle est de réfléchir aux motivations de nos actions passées.

Prenez un moment, et pensez à quelque chose que vous avez fait. Peu importe si c'était il y a longtemps. Peu importe si vous considérez cela comme une bonne action ou non. Ce qui importe, c'est comment cela vous a fait sentir.

Analysez les sentiments que cet événement a suscités et quel mécanisme s'est enclenché en vous. Connaître ces variables dans votre esprit vous permettra d'anticiper les faits.

Dans le sport, qui nous amène ici, se connaître soi-même vous donne un avantage considérable sur ceux qui ne le font pas. L'intelligence émotionnelle vous permettra de vous endurcir dans les moments difficiles. Surtout si vous pratiquez des sports individuels.

Si tel est le cas, réfléchissez à la dernière compétition que vous avez perdue. Concentrez-vous non pas sur vos succès, mais sur vos échecs. Faites un effort conscient pour vous connecter avec ce que vous avez ressenti à l'époque, et formez une idée concrète de comment votre état émotionnel fonctionne.

De cette façon, la prochaine fois que vous serez dans un grand match, vous saurez quels sentiments prêter attention, afin d'éviter tout ce qui vous a fait perdre.

Anxiété? Colère? Frustration? Nous avons déjà vu comment faire face à ces sentiments. Vous avez entre vos mains la possibilité d'incorporer une maturité émotionnelle dans vos performances sportives.

À ce stade, un effort supplémentaire est nécessaire lorsque les changements structurels que nous avons discutés au début sont réalisés. Construire notre intelligence émotionnelle optimise nos chances de succès. Cela peut signifier une fraction de seconde de moins que notre rival.

En tant que contrepartie de l'anxiété (qui pourrait déterminer notre échec), l'intelligence émotionnelle peut devenir l'outil clé qui nous permet de réussir. À travers elle, nous serons capables de renforcer nos comportements et d'avancer.

Ensuite, nous verrons l'importance de la force mentale. Un autre facteur significatif dans le parcours des athlètes de haut niveau, et grâce auquel la grande majorité des grandes stars du sport vivent leur vie.

6

VOTRE CHANCE D'INSPIRER QUELQU'UN D'AUTRE

"Rien n'est impossible. Le mot lui-même dit 'Je suis possible!'

— AUDREY HEPBURN

Mon objectif en écrivant ce livre est de vous inspirer à réaliser ce qui peut sembler impossible lorsque vous le regardez de front. C'est de vous montrer que lorsque votre esprit, votre corps et votre cœur sont alignés sur vos objectifs, les choses qui semblent impossibles ne le sont pas vraiment, et tout ce que vous avez à faire pour les atteindre, c'est de commencer.

J'espère que vous ressentez déjà cette inspiration, et que, page après page, vous développez la motivation et la mentalité dont vous avez besoin pour réussir, non seulement dans vos objectifs sportifs, mais dans n'importe quel objectif que vous vous fixez.

L'inspiration est puissante... et c'est votre opportunité de la transmettre à quelqu'un d'autre.

La beauté de la chose est que vous n'avez pas encore à avoir accompli votre propre transformation pour inspirer quelqu'un d'autre à commencer la leur... Tout ce que vous avez à faire, c'est de partager avec eux votre motivation et ce qui vous pousse.

Et vous pouvez le faire dès maintenant en écrivant simplement quelques phrases. En laissant un avis sur ce livre sur Amazon, vous pouvez inspirer quelqu'un d'autre à améliorer sa force mentale et à aligner chaque partie de son être sur ses objectifs sportifs.

Comment ? En informant les autres lecteurs de la manière dont ce livre vous a inspiré et de ce qu'ils trouveront à l'intérieur de ses pages, vous leur montrerez où ils peuvent trouver la même inspiration qui a lancé votre transformation.

Merci de m'aider dans ma mission de montrer à tout le monde qu'ils peuvent réaliser leurs rêves. L'inspiration est un outil puissant ; lorsque nous la partageons, nous pouvons nous aider mutuellement à prendre les mesures nécessaires pour réaliser tout ce que nous désirons.

7
FORT COMME L'ACIER

La Résilience Mentale chez les Athlètes

Il est important de surmonter la conditionnement de nos propres esprits. Certains athlètes commencent dans leur discipline car ils découvrent qu'ils sont doués pour cela. Ils remportent leurs premières compétitions enfants et commencent à croire que gagner une compétition est inné. Ce qui fait partie de leur personnalité.

Le potentiel athlétique d'un enfant est correctement établi, à la fois à travers ses victoires et ses défaites. Ce n'est pas mal en soi, tant que cela est accompagné (et contenu) par l'entraîneur de l'athlète. Dans ce sens, le travail de l'entraîneur consiste à faire comprendre à l'enfant que le chemin est difficile au-delà de ses victoires.

Son Importance dans les Sports

Dans le cas de Mariano Varde (ancien nageur continental), ses débuts dans la natation ont été vécus avec des sentiments mitigés. Dès son plus jeune âge, il a découvert qu'il savait nager. Il a trouvé qu'il était bon dans ce qu'il faisait. Il a commencé à réaliser de bons temps et à battre facilement ses concurrents, quelle que soit la catégorie ou le style dans lequel ils nageaient.

Cependant, au fil des ans, il a découvert quelque chose qui n'allait pas chez lui. Il avait pratiqué son sport pendant un certain temps, récoltant des triomphes, grandissant en tant qu'athlète, mais seulement grâce à l'image qu'il renvoyait aux autres. L'idée d'un athlète exceptionnel, même dès son plus jeune âge. Un prodige de la natation. Cependant, en lui, la réalité était très différente.

Non seulement il était difficile pour lui de trouver suffisamment de motivation (ou celle nécessaire) pour concevoir ce sport comme faisant partie de sa vie, mais parfois, ses déficits mentaux s'aggravaient.

Il avait l'impression, parfois, de ne pas être celui qui nageait. Ce n'était pas lui qui sautait dans l'eau, qui laissait cet effort physique et mental dans son sport. Il avait plutôt l'impression de nager pour les autres, pour tous ceux qui avaient placé leurs attentes, leurs projections et leurs désirs inassouvis sur lui, un enfant.

Il arriva un moment où les autres étaient motivés et pas lui. Cette situation l'exposa à des niveaux d'anxiété, de pression et d'angoisse, l'éloignant du sport. Les objectifs, les attentes et les souhaits de triomphe étaient étrangers et ne coïncidaient pas avec ce que dictait son cœur.

À partir de ce moment-là, Varde s'est consacré à profiter de son adolescence. Profiter de son adolescence loin du sport, quelque chose que les jeunes athlètes peuvent rarement faire.

À 22 ans, après avoir touché le fond et ne trouvant pas sa voie, une voix intérieure lui dit qu'il devrait recommencer à nager. À partir de ce moment-là, il a réintégré la natation dans sa vie quotidienne, en se motivant de différentes manières.

Tout d'abord, il décida de suivre le cours de sauveteur. Plus tard, quand il parvint à retrouver le rythme de la compétition, il retrouva sa place parmi les meilleurs nageurs du continent. Seulement quatre mois après son retour, il participait déjà à la finale nationale de son style.

Il poursuivit sa carrière en se consacrant plusieurs fois au niveau national dans différents styles de natation, ce qui lui permettait de développer sa vie (sentimentale et professionnelle) toujours à côté d'une piscine. Cependant, sa résilience mentale ne l'accompagnait pas lorsqu'il avait des opportunités de grimper aux niveaux continental et mondial.

Il reconnaît qu'à l'époque, il n'avait pas l'intelligence émotionnelle nécessaire pour vivre avec la pression des résultats sportifs déterminant un travail ou une bourse. La possibilité d'atteindre le plus haut rang des nageurs le dépassait. Il ressentit à nouveau cette angoisse, cette pression et ce poids sur son dos. Et il a cessé de prendre plaisir à la natation en compétition.

Mariano a pu comprendre, appliquer et vivre l'importance de la force mentale utilisée dans les sports en tant qu'adulte lorsqu'il est devenu entraîneur de l'équipe de natation de la mairie de River Plate.

Il a utilisé le pouvoir transformateur de ses limitations lorsqu'il a pu se libérer de la pression de ses propres résultats et se concentrer sur l'enseignement aux jeunes nageurs comment construire une carrière réussie en tant qu'athlètes.

Un exemple clair du pouvoir destructeur de la pression sportive mal canalisée est celui de la nageuse argentine Delfina Pignatiello. Elle courait pour être l'une des meilleures athlètes du continent, et son manque de force mentale lui a coûté la course. Elle a pris sa retraite des compétitions sportives à seulement 22 ans pour se consacrer à la photographie.

Exercices interactifs

Le vieil adage mens sana in corpore sano (un esprit sain dans un corps sain) prend tout son sens lorsqu'on comprend que la santé doit être recherchée de manière intégrale. Le moyen le plus efficace de lutter contre l'anxiété est de travailler constamment à renforcer votre résilience et votre force mentale.

Commencez par analyser les situations qui se présentent à vous. Essayez de vous détendre, réfléchissez calmement et agissez en conséquence. Il sera nécessaire d'optimiser notre attention en tant qu'outil pour faciliter le passage entre les moments d'anxiété.

Par conséquent, nous devons rediriger ces bons comportements vers notre vie quotidienne. Même des sensations telles que la peur peuvent rappeler des moments où nous avons échoué et nous permettre d'être plus prudents.

Essayez de vous concentrer sur les bons résultats.

Comme nous en discutons dans ce chapitre, la force mentale sera essentielle au succès et devrait être abordée dès le plus jeune âge. Expliquez aux jeunes athlètes l'importance de considérer l'échec comme faisant partie du processus d'apprentissage dans les premières étapes de l'entraînement.

Nous ne pourrons pas leur demander d'avoir la maturité émotionnelle ou l'intégrité mentale d'un adulte. Les athlètes adultes, en particulier ceux déjà établis, ont atteint leurs objectifs en parcourant ce chemin long et ardu avec sacrifice et persévérance.

Si la force mentale fléchit, notre performance en pâtira, et cette situation génère naturellement de la peur en nous.

Nous verrons ci-dessous comment faire face à ces peurs, en particulier les peurs les plus courantes pour les athlètes : la peur de l'échec et la peur de manquer quelque chose.

8
FAIRE FACE À VOS PEURS

Peur de l'échec

L'un des moments les plus dramatiques et émotionnels observés lors d'une compétition sportive est la séance de tirs au but dans les derniers tours d'une compétition, telle qu'une Coupe du Monde de football.

Dans cette situation, la tension ne cesse d'augmenter. Parfois, il est possible de voir la panique sur les visages de certains joueurs et même deviner qui échouera en fonction du degré de tension reflété dans leur démarche.

Ces séances de tirs au but sont des moments où même les meilleurs joueurs du monde peuvent manquer leurs tirs. La tension qui se produit en ces moments submerge même les superstars du sport.

Le fait est que la peur est une émotion qui a une influence décisive sur la performance sportive. Ses effets peuvent être dévastateurs pour les athlètes. La peur peut conduire un athlète talentueux et réussi à un blocage de performance. Perdre, même pendant une fraction de seconde, tout ce qu'ils savent.

Qu'est-ce que c'est?

L'athlète n'a pas peur de l'échec, mais il a peur des conséquences de l'échec. Le désir de réussir et d'être meilleur que les autres peut conduire à la tension, à l'anxiété et à la peur de l'échec.

De même, les principales peurs des conséquences que les athlètes attribuent à l'échec seraient leur estime de soi, la punition et la perte de leur valeur sociale. Par conséquent, la peur de subir l'une de ces situations amène l'athlète à éviter les situations qu'il considère comme dangereuses ou décisives.

De cette manière, l'athlète commence à jouer conditionné. En prêtant trop d'attention à ne pas faire d'erreurs et en perdant de vue d'autres aspects du jeu. Cela fait partie d'une tentative de solution qui est dysfonctionnelle et contre-productive. Le point est que, en raison de cette tentative de solution, l'athlète tombe dans son propre piège.

Symptômes

Si vous souffrez de peur de l'échec, vous pourrez constater que l'anxiété vous empêchera de pouvoir réaliser une bonne performance.

Le stress négatif, qui se manifeste en raison de la peur de l'échec, aura pour conséquence que nous ne pourrons pas fonctionner correctement. C'est pourquoi la peur de l'échec peut conduire à une souffrance psychique considérable.

Cependant, il est important de distinguer clairement la peur et l'anxiété. La peur est une émotion qui active, en une fraction de seconde, certaines réponses physiologiques pour donner une réponse de lutte ou de fuite.

Lorsque cette réaction physique est maintenue dans le temps au-delà de la réponse immédiate, on parle d'anxiété. Par conséquent, il est considéré comme un mécanisme de défense qui, dans ces cas, peut avoir des conséquences négatives.

Il existe trois types de symptômes attribuables à la peur de l'échec : physiques, cognitifs et comportementaux.

En ce qui concerne les symptômes physiques, ils sont similaires à ceux décrits dans le chapitre sur l'anxiété. Palpitations, augmentation du rythme cardiaque, essoufflement et sentiment d'être piégé.

Les symptômes cognitifs concernent la perception de la peur et ses conséquences psychologiques. La peur de l'échec peut générer une culpabilité interne de ne pas atteindre un objectif et des niveaux élevés d'autodemande. Elle peut sérieusement affecter l'humeur, l'estime de soi et la confiance en soi d'une personne.

Ces symptômes sont personnels et internes à chaque athlète et, en fonction de leur intelligence émotionnelle et de leur maturité, ils auront des conséquences psychologiques et physiques plus ou moins importantes.

Enfin, les symptômes comportementaux sont ceux qui sont évidents dans la manière dont l'athlète interagit avec les autres et agit. Si le sujet souffre de ces peurs, il peut modifier ses routines d'entraînement, réduire ses niveaux d'engagement ou cesser de prendre soin de lui avec les repas et les exercices nécessaires. On peut également observer un changement dans la manière dont il traite ses pairs et ses adversaires.

Comment le surmonter?

Cette peur de l'échec peut avoir de nombreuses origines. Peut-être en raison de la conception individuelle de ce que l'échec implique. Aussi, en raison de l'anticipation catastrophique de ce que pourraient être les conséquences de l'échec.

Jusqu'à présent, nous avons défini la peur de l'échec et sa fréquence. Maintenant, puisque nous l'avons tous vécu à un moment donné, nous voulons vous donner des stratégies pour la surmonter, pour savoir quoi faire lorsque nous la sentons approcher.

Essayez d'être réaliste. Essayez de voir à quel point le risque est grand, à quel point il est grave et à quelle probabilité il est susceptible de se produire. Nous vous assurons que si vous réfléchissez calmement à tous ces facteurs, vous verrez que rien n'était aussi grave qu'il n'y paraissait.

Il est bon de commencer par des objectifs intermédiaires: pas trop faciles pour être un vrai défi, mais pas extrêmement difficiles ou impossibles. Des objectifs réalistes et stimulants génèreront de la satisfaction et, en même temps, nous éviteront la probabilité d'échouer.

Il est conseillé d'analyser quelle partie de l'échec vous angoisse, génère de la peur et vous empêche d'essayer. Une fois que le facteur de peur est identifié, il sera beaucoup plus facile de travailler pour le surmonter et d'empêcher l'anxiété de prendre le dessus.

L'échec est quelque chose qui peut arriver. Il ne devrait pas être une cause de détresse extrême. Nous pouvons échouer et essayer à nouveau. Adopter cette idée est essentiel si ce que nous cherchons est de surmonter la peur de l'échec.

Cherchez des techniques qui vous aident à avancer. Établissez un objectif pour lequel nous faisons quelque chose, faisons des choses qui nous plaisent et, par conséquent, l'envie de continuer à le faire. Cela nous aidera lorsque nous accomplissons une tâche que nous voyons la possibilité d'échouer.

L'anxiété nous amène à anticiper des scénarios négatifs et qui nous causent de l'inconfort. En étant réaliste, nous ne pouvons pas être certains de ce qui va se passer. Évitez d'imaginer des résultats possibles et vous vous sentirez beaucoup mieux.

Être exigeant envers soi-même peut être bon, mais cela cesse de l'être lorsque cela interfère avec notre santé et notre bien-être. Des niveaux de trop grande exigence envers soi-même sont extrêmement nuisibles.

la peur de manquer (parfois abrégée en FOMO pour "Fear Of Missing Out")

La peur de manquer, aussi connue sous le nom de FOMO (Fear Of Missing Out), est l'un des nouveaux problèmes de santé de notre époque. Elle a été reconnue par les psychologues comme un trouble qui peut entraîner de graves problèmes émotionnels et mentaux.

Depuis l'arrivée des réseaux sociaux dans nos vies, le fait d'être continuellement connecté via nos téléphones portables peut entraîner des problèmes de comportement ou des habitudes qui génèrent des syndromes tels que le FOMO.

Les personnes souffrant de ce syndrome sont constamment accrochées à leur téléphone portable ou à leur appareil connecté à Internet et ont peur de manquer des commentaires ou des événements. Nous parlons de ces personnes qui, lorsqu'elles sont avec leur téléphone portable, parcourent tous les réseaux sociaux qu'elles utilisent un par un, et dès qu'elles ont fini leur parcours, elles recommencent à zéro pour voir si elles ont manqué quelque chose dans les dernières minutes. De plus, ces personnes qui appuient constamment sur le bouton de rafraîchissement.

Ainsi, ils ont besoin de connaître leurs abonnés et ce qu'ils font. Ils pensent également que s'ils ne leur répondent pas immédiatement, ils manqueront des choses importantes et seront exclus de la conversation. Et cette idée leur cause déjà de l'angoisse, il leur sera donc difficile de se déconnecter ou de mettre leur téléphone de côté. De cette manière, le FOMO est intimement lié à la peur irrationnelle de ne pas avoir son téléphone portable.

Parmi les symptômes du FOMO, le syndrome de l'appel ou de l'alerte fantôme est remarquable, qui fait référence aux sons illusoires que l'on pense entendre depuis le téléphone portable, tels que la notification auditive d'un message. Notre cerveau s'habitue tellement à l'utilisation du téléphone portable qu'il l'incorpore de manière si profonde dans la vie quotidienne qu'il nous trompe avec ce type de chose. En revanche, il y a aussi l'anxiété causée par le fait de ne pas répondre immédiatement à un message ou un commentaire sur n'importe quel réseau social.

Un autre symptôme est le temps excessif passé sur les réseaux sociaux, tels que Facebook, TikTok, Instagram, Twitter ou WhatsApp. Diffuser constamment ce qu'ils font, où ils sont, ce qu'ils ont porté, etc.

Ceci est combiné avec la prise de photos, l'enregistrement de vidéos et l'oubli de vivre dans le moment. Tellement qu'ils regardent constamment l'écran lors de réunions familiales, de vacances, de concerts et d'heures de travail.

Parce que la différence est là: ce n'est pas un comportement ponctuel tout au long de la journée, mais continu du matin au soir. Ce type de comportement peut être observé chez les personnes qui oublient d'utiliser leurs yeux lorsqu'elles prennent une vidéo d'un événement. Ils ne se connectent pas physiquement à ce qui se passe, mais uniquement à travers l'écran de leur téléphone.

Cette façon d'agir entraîne généralement des reproches de l'entourage pour mettre le téléphone de côté. C'est pourquoi la personne est de mauvaise humeur et irritable et préfère rester seule ou s'isoler dans sa chambre plutôt que de se séparer du réseau et de manquer quelque chose.

Des études ont prouvé que la plupart des personnes qui souffrent de ce syndrome sont des jeunes qui ont constamment besoin d'être acceptés par un groupe. Ils ont également besoin de se sentir aimés et flattés, et souvent en compétition avec le reste de leur vie sur les réseaux sociaux pour se sentir égaux. Ou mieux.

En fait, FOMO provoque une distorsion cognitive par laquelle la réalité n'est pas appréciée. La vision critique de ce qui est fiction ou un fait relatif est perdue dans un contexte beaucoup plus large que nous ne connaissons pas, celui qui apparaît sur l'écran.

Mais les jeunes ne sont pas les seuls à souffrir de ce problème, et c'est contraire à ce que l'on pourrait penser. Ceux qui souffrent le plus de FOMO sont des personnes de tout âge ayant un faible niveau de satisfaction dans leur vie et une très faible estime de soi.

Ils ont tendance à maintenir des relations de dépendance. Ils doivent recevoir des likes, des compliments et des commentaires positifs pour s'aimer eux-mêmes. Ils s'échappent à travers le réseau d'une réalité avec laquelle ils ne sont pas satisfaits.

La solution à ce problème est de s'attaquer d'abord à la cause qui l'a causé. FOMO peut causer de l'anxiété et de la dépression et augmenter encore les problèmes d'estime de soi et les frustrations qui conduisent à des troubles comportementaux.

Quitter les réseaux sociaux ou jeter votre téléphone portable ne résoudra rien, car tout ce que vous pouvez faire, c'est éviter le problème. Reconnaissons que les réseaux font partie de nos vies et que, même si ce n'est que pour le travail, la plupart ont besoin de les utiliser.

Il est nécessaire de changer les habitudes d'utilisation du téléphone portable et d'adopter un comportement approprié. Être rationnel dans la gestion des réseaux, prendre soin de sa propre estime de soi et faire des efforts quotidiens pour trouver un équilibre dans leur utilisation.

Eduquer par l'exemple et se rappeler que le contact humain, qui nous permet de connaître les expressions et les émotions de l'autre sans dire un mot, est essentiel pour le développement des enfants et des jeunes. Ils auront du mal à apprendre l'empathie s'ils interagissent souvent par le biais d'écrans, même lorsqu'ils se trouvent physiquement dans la même pièce ou sur la même rue.

Cependant, si vous avez découvert que vous souffrez de FOMO, il est préférable de demander l'aide d'un psychologue professionnel, qui vous guidera et vous donnera les outils nécessaires pour surmonter et gérer correctement ce problème.

Exercices interactifs

Vous ne pouvez pas laisser la peur être le facteur qui gouverne et contrôle votre vie, c'est pourquoi nous allons vous donner les meilleures façons et astuces pour travailler sur la peur à travers la psychothérapie:

Écrire vos peurs sur papier: C'est une activité très simple. Elle consiste à griffonner et à écrire sur une feuille de papier ce qui vous cause de l'anxiété.

Sur le côté gauche, écrivez des mots, des images ou des phrases sur les choses qui vous font vous sentir mal ou qui vous font peur. Sur le côté droit, écrivez, griffonnez ou dessinez tout ce qui vous donne une sensation de confort et faites une comparaison entre les deux. Lorsque vous découvrez que ce qui est du côté droit vous donne la tranquillité d'esprit, vous pouvez les affronter en toute sécurité.

Créez une protection mentale: Une façon simple de se sentir en sécurité et sans peur est de créer une sécurité mentale autour de vous ; lorsque vous faites face à votre peur, fermez les yeux et imaginez que vous êtes à l'intérieur d'une bulle ou dans un endroit calme et paisible. Confortable, où vous ne pouvez pas être atteint par votre peur. De cette façon, vous n'aurez pas peur de l'aborder.

Rationalisez votre peur: les peurs sont irrationnelles, leur donner une logique vous aidera à les analyser et à les comprendre: Pourquoi avez-vous peur ? Pourquoi cela arrive-t-il ? Est-ce aussi grave qu'il y paraît ? A-t-elle du pouvoir sur vous ? Lorsque vous vous posez ces questions et y répondez, cela vous permettra de réduire le niveau d'influence de la peur sur vous.

Selon ce qui a été vu dans ce chapitre, les athlètes amateurs et professionnels doivent faire face à différentes peurs tout au long de leur carrière. Ces peurs et préoccupations peuvent être paralysantes, affectant négativement votre performance.

Pour cela, il est d'abord nécessaire de les reconnaître en tant que telles et d'agir en conséquence. Prenez-les comme une partie naturelle du processus d'apprentissage et essayez de ne pas paniquer.

Le traitement adéquat de ces peurs sera un facteur fondamental pour faire face aux moments difficiles avec détermination et une mentalité positive. De cette façon, nous pouvons minimiser les chances que, pour cette raison, nous commettons des erreurs typiques de ce problème.

Nous verrons dans le prochain chapitre quelles sont ces erreurs courantes que commettent de nombreux athlètes en raison de la peur et des insécurités.

9

LES ERREURS COURANTES COMMISES PAR LES ATHLÈTES

Lorsqu'un athlète n'est pas mentalement capable de maintenir son niveau, il prend souvent des décisions qui, au fil des ans, se révèlent fausses. Et ce type de comportement se produit chez tout type d'athlète : amateur, semi-amateur ou professionnel. Même certains des plus grands athlètes de l'histoire, comme c'est le cas que nous voyons ci-dessous.

Michael Jordan venait d'être champion olympique avec l'inoubliable Dream Team des États-Unis en 1992. Il a mené les Chicago Bulls à leur premier triplé en NBA un an plus tard. Au milieu des années 1990, il était la figure de proue du basket-ball dans le monde entier.

Son excellence de jeu, combinée à sa mentalité de gagnant en train de prendre forme et de grandir, l'avait mis au centre de la scène, non seulement au sein de la ligue mais dans le monde du sport. Sa Majesté était un phénomène de masse sur la planète, quelqu'un de complètement transcendant.

Mais soudain, Michael Jordan a pris sa retraite de la NBA et est allé tenter sa chance dans le baseball professionnel.

Sa première retraite a été annoncée en 1993. Les raisons? Il y a plusieurs théories à ce sujet, mais on croit que cela avait à voir avec le meurtre de son père à l'âge de 56 ans.

Cet événement l'a marqué à jamais et est considéré comme décisif pour les prochaines étapes de MJ. La douleur de son départ a été dévastatrice pour l'athlète.

La chose concrète est que Jordan Sr. était un amateur de baseball, que Michael avait pratiqué étant enfant. Et une partie de ce goût paternel pour le sport a conduit la star des Bulls à tenter sa chance dans un autre domaine.

Steve Kerr a reconnu dans The Jump que:

> *Michael a fait face à toutes sortes d'examens publics. Je maintiendrai toujours qu'il est allé jouer au baseball parce qu'il était émotionnellement brûlé par cette pression qu'il ressentait vraiment seul. Voir la vie qu'il devait porter par rapport au reste était fou. Je pense qu'il en avait assez et avait besoin de prendre du recul pendant un moment. Quand il est revenu, il était prêt à continuer.*

Pour Jordan, bien sûr, ce n'était pas un simple jeu pour passer le temps. Il s'est complètement impliqué dans la dynamique de l'équipe, s'est entraîné pour s'améliorer, et a vécu avec les critiques de la presse spécialisée de l'époque. Comme tout dans sa vie, il a mis de la passion, du travail acharné, et une quête pour compétitionner et s'améliorer pour montrer qu'il était à la hauteur de la tâche.

Jordan a fait quelque chose de fou : il n'était pas du tout décalé, compte tenu du changement abrupt et soudain d'une discipline qu'il dominait à une autre qu'il n'avait jamais essayée dans ce domaine et contexte.

Il a terminé sa courte carrière de baseball avec une moyenne au bâton de .202, ce qui n'est pas le meilleur dans le domaine. Pourtant, la situation allait bien au-delà des statistiques du jeu, et il a attiré les foules dans les gradins. Cette saison-là, les Barons ont établi leur record d'affluence à domicile: près d'un demi-million de spectateurs.

Erreurs de débutants

Jusqu'à ce qu'un jeune athlète acquière un certain degré de connaissance des détails de sa discipline, il passe du temps où, très probablement, il commettra des erreurs en raison de son inexpérience.

Vous voyez, dans tous les sports et toutes les catégories, il y a de jeunes athlètes qui ont toutes les conditions nécessaires pour réussir et qui finissent par le faire, mais pas sans commettre au préalable certaines de ces erreurs que nous avons mentionnées.

Elles sont courantes et font partie naturelle du processus d'apprentissage. De plus, comme nous le verrons, même les plus grands athlètes de la planète (consacrés et avec toute leur carrière résolue) se trompent également.

Pour minimiser les chances de commettre des erreurs, le jeune athlète doit prendre en compte certains aspects clés, notamment une formation adéquate et une interprétation correcte de la manière de se développer en tant que professionnel du sport.

Cependant, il est essentiel de souligner que se tromper est humain. Cela dépendra du caractère de l'athlète et de l'approche que leur entraîneur choisit pour que cette prémisse soit toujours sur la table.

Parfois, certains jeunes athlètes ne se consacrent pas totalement à l'entraînement. Soit parce qu'ils ne font pas correctement l'échauffement précédent ou qu'ils ne consacrent pas le temps nécessaire à l'aspect aérobie.

Même un problème pour les jeunes athlètes est de concilier leur vie sociale avec les compétitions.

Erreurs de vétérans

Avec le temps et la carrière sportive d'un athlète, les aspects physiologiques (logiquement) sont altérés. Les performances diminuent et le temps nécessaire pour récupérer physiquement augmente avec l'âge.

Certains athlètes expérimentés se battent contre cela comme s'il était possible de modifier une réalité inévitable : le passage du temps et le déclin physique et mental est inévitable.

Certaines erreurs courantes commises par les athlètes

plus âgés sont, par exemple, liées à la différence entre l'âge corporel et mental. Beaucoup d'entre eux, intérieurement, se sentent encore jeunes et croient avoir la capacité physique de répondre aux exigences du jeu. Cependant, le cœur ne bat plus comme avant et la masse musculaire n'est plus la même, ce qui peut conduire à des blessures graves.

Adapter l'entraînement et les exigences physiques à une condition, un contexte et un âge est essentiel. Pour cela, ils doivent apprendre à écouter leur corps. Être conscient lorsqu'on se sent fatigué ou lorsque le physique oblige à se reposer.

L'entraînement à haute intensité est la clé. Il prépare bien le corps pour un travail intense en développant une bonne base. Cependant, l'intensité apporte également de la fatigue, de la lassitude et un risque accru de blessure.

Les muscles ne récupèrent plus aussi rapidement qu'avant. Cela signifie prendre plus de temps entre les sessions de qualité et être très concentré sur les stratégies de récupération.

CONCLUSION

Tout au long du livre, nous avons parcouru différentes stratégies pour canaliser positivement les anxiétés dans les sports. En tant qu'athlètes, nous savons que les pressions, les peurs et les insécurités (les nôtres et celles des autres) peuvent avoir un effet négatif sur notre performance.

L'idée de cette lecture est que, grâce à la canalisation correcte de ces variables, la performance de l'athlète peut être maintenue aux niveaux nécessaires pour réussir dans n'importe quelle discipline qu'il pratique.

Pour cela, nous avons vu qu'il est nécessaire de suivre certaines étapes spécifiques corrélées entre elles et où, si l'une manque, l'autre peut ne pas se réaliser. Par exemple, la première et la plus importante chose sera la mentalité avec laquelle nous abordons la pratique de n'importe quel sport.

Quand nous parlons de pratique, nous faisons référence à tout ce que la discipline implique. L'entraînement, la préparation mentale, l'étude préalable des adversaires et les variables du jeu. En outre, nous nous préparons pour pouvoir performer au mieux.

Être optimiste, positif et flexible sera essentiel pour bien commencer le chemin.

Maintenir une position réceptive à l'égard du processus d'apprentissage, faire face aux opinions constructives des autres et devenir également nos critiques les plus ardents.

Commencez par comprendre que notre état d'esprit donne le rythme pour tout le reste. Grâce à lui, nous pouvons gérer correctement l'anxiété générée par le sport.

Construire un bon niveau d'estime de soi et de connaissances, être les architectes de notre propre destinée et minimiser tout ce qui ne dépend pas de nous et que nous ne pouvons pas contrôler sont quelques-uns des avantages de l'incorporation d'une mentalité gagnante.

De plus, grâce à cette réalisation, nous comprendrons que l'échec fait partie du jeu. Éliminer la pression de l'erreur sera d'une grande aide. Car dans ces cas, lorsque l'erreur arrive (et croyez-moi, elle arrivera), nous pourrons y faire face sans trop de problèmes.

Conclusion

Nous avons également vu que l'erreur n'est pas toujours la nôtre. Parfois, c'est celle d'un coéquipier ou de l'entraîneur, même lorsque ce ne sont pas des erreurs qui surviennent en cours de route mais des événements imprévus ou des adversités. Et la vie, c'est ce qui se passe entre un événement imprévu et le suivant.

Pour cela, le pouvoir de notre esprit est essentiel. Notre corps le suivra toujours, consciemment ou inconsciemment, où que l'esprit aille. Contrôlez la visualisation de nos objectifs et de nos buts, en pensant toujours à des scénarios positifs pour construire la force nécessaire pour faire face à ces moments. Ce livre essaie de nous apprendre à identifier l'anxiété sportive et les différences émotionnelles.

Reconnaître les moments où cet enthousiasme typique du sport peut se transformer en anxiété est important. L'anxiété peut conduire à des peurs et des comportements qui ne nous favorisent pas. Croire en ses capacités et en ses talents ne devrait pas être un acte de foi. Croire en soi doit répondre à l'appui de faits et de preuves, comme tout dans la vie.

Les mots sont légers ; ils volent avec le vent. Les faits, cependant, les comportements adoptés, les décisions concrètes, marquent le sujet. Dans une compétition sportive, ils peuvent être décisifs.

Être bien mentalement, être en paix avec soi-même, est une partie essentielle de tout cela. C'est un grand facteur pour avoir un avantage sur vos rivaux, qui sont probablement aussi talentueux, dévoués, engagés et performants que vous.

Une fois que ce processus initial est terminé et que vous avez ces variables dans l'ordre dans votre vie, la prochaine étape de la carrière sportive commence. C'est l'étape où vous récoltez des réalisations et des victoires grâce à votre effort et votre sacrifice.

Pendant cette période, le pouvoir de l'intelligence émotionnelle entre en jeu. Grâce à la force de votre esprit et de votre cœur, vous pourrez gérer tous les facteurs en douceur. Les séances d'entraînement seront des moments d'apprentissage construits à partir du plaisir. Les victoires seront la cerise sur le gâteau. La touche finale de l'ensemble du processus précédent.

Toutes les défaites seront des moments pour réfléchir et apprendre, pour les comprendre comme des événements naturels et attendus, propres à tous les sports. Arriver à ce point ne sera pas facile, je vous le dis.

Si vous lisez ceci, il est probable que vous soyez déjà familier avec certaines des stratégies décrites dans le livre. Peut-être que certaines sont complètement nouvelles, ou que vous les connaissez de nom mais que vous ne les avez jamais essayées. Je vous invite à reprendre ce chemin de croissance personnelle et professionnelle avec un esprit ouvert et un cœur disposé. Pour marcher sur ce chemin, soyez conscient

Conclusion

que cela sera difficile et que cela testera toutes nos qualités et nos plus profondes peurs.

Faites-le pour vous-même, pour vos objectifs. Faites-le accompagné, entouré de personnes positives. Donnez l'exemple à vos pairs, inspirez-les à exceller, et prêtez une attention particulière à la formation que vous recevez de vos entraîneurs. Le résultat sera positif avec toute cette structure psychologique mise en place et appliquée à votre sport et à votre vie. Toujours, sans exception.

Comme toujours dans la vie, il y aura des moments heureux et tristes. De grandes victoires et des défaites dévastatrices. Mais si vous gardez votre enthousiasme, votre motivation, un objectif clair, l'amour et que vous vous acceptez et vous connaissez vous-même, vous ne pouvez pas échouer. Allez-y et foncez!

10

IL EST TEMPS DE PASSER LE RELAIS.

En alignant votre mentalité avec les objectifs que vous souhaitez atteindre et en exploitant ses pouvoirs pour contourner tous les défis que présente votre sport, vous vous mettez dans une excellente position pour inspirer quelqu'un d'autre.

Simplement en laissant votre opinion honnête sur ce livre sur Amazon, vous montrerez aux nouveaux lecteurs où ils peuvent trouver tous les outils dont ils ont besoin pour exceller dans leur sport et atteindre n'importe quel objectif qu'ils se fixent.

Il est temps de passer le relais.

Merci beaucoup de faire passer le message. Vous pouvez surmonter n'importe quel défi qui se présente sur votre chemin - et vous pouvez inspirer quelqu'un d'autre à faire de même.

BIBLIOGRAPHIE

3 Essential Mindsets for Athletic Success. (n.d.). Psychology Today. https://www.psychologytoday.com/us/blog/the-power-prime/201411/3-essential-mindsets-athletic-success

5 Tips to Mental Toughness in Sports. (2021, July 1). Www.donovanmentalperformance.com. https://www.donovanmentalperformance.com/5-tips-to-mental-toughness-in-sports

6 Fears That Destroy Confidence | Sports Psychology Articles. (2013, October 29). https://www.peaksports.com/sports-psychology-blog/6-fears-that-destroy-confidence-for-athletes/

7 most common training mistakes by masters athletes. (2018, March 27). Pan Pacific Masters Games. https://mastersgames.com.au/ppmg/7-most-common-training-mistakes-by-masters-athletes/

7 Strategies to Help You Become a Mentally Strong Runner During Races. (2014, January 6). Runners Connect. https://runnersconnect.net/visualization-running/

10 Simple Exercises to Help Build Your Mental Toughness. (n.d.). Fatherly. Retrieved September 17, 2022, from https://www.fatherly.com/love-money/mental-toughness-exercises

Arlin Cuncic. (2008a, February 22). *Coping With Pre-Competition Nervousness*. Verywell Mind; Verywellmind. https://www.verywellmind.com/coping-with-precompetition-anxiety-in-athletes-3024338

Arlin Cuncic. (2008b, February 22). *How To Handle Performance Anxiety as an Athlete*. Verywell Mind; Verywellmind. https://www.verywellmind.com/how-do-i-handle-performance-anxiety-as-an-athlete-3024337

Barker, E. (2016, June 7). *This Is The Best Way to Overcome Fear of Missing Out*. Time; Time. https://time.com/4358140/overcome-fomo/

Bettin, A. (2017, October 3). *Avoiding Mental Sabotage Part 6: How to Conquer Your Fear of Failure*. TrainingPeaks. https://www.trainingpeaks.com/blog/avoiding-mental-sabotage-part-6-how-to-conquer-your-fear-of-failure/

Can You Get Stronger By Just Thinking About it? (n.d.). Verywell Fit.

Bibliographie

https://www.verywellfit.com/can-you-build-strength-with-visualization-exercises-3120698

Carol Dweck. (2022, April 20). Wikipedia. https://es.wikipedia.org/wiki/Carol_Dweck

Cherry, K. (2010, April 27). *6 Key Ideas Behind Theories of Motivation.* Verywell Mind; Verywellmind. https://www.verywellmind.com/theories-of-motivation-2795720

Cherry, K. (2021, April 29). *Why Cultivating a Growth Mindset Can Boost Your Success.* Verywell Mind. https://www.verywellmind.com/what-is-a-mindset-2795025

Cherry, K. (2022, August 3). *Overview of emotional intelligence.* Verywell Mind. https://www.verywellmind.com/what-is-emotional-intelligence-2795423

Competition performance: five techniques to help you control anxiety. (2017, February 17). Sports Performance Bulletin. https://www.sportsperformancebulletin.com/endurance-psychology/coping-with-emotions/sports-anxiety-theory-research/

Davidson, A. (2019). *3 Types of Psychological Stress Affecting Athletes In-season - Firstbeat Sports.* Firstbeat. https://www.firstbeat.com/en/blog/3-types-of-psychological-stress-affecting-athletes-in-season/

Does Pressure Affect Performance? | Sports Psychology Articles. (2019). Peaksports.com. https://www.peaksports.com/sports-psychology-blog/does-pressure-affect-your-performance-during-competitions/

Elizabeth Scott. (2021, April 25). *Do You Have FOMO? Here Is How to Cope.* Verywell Mind. https://www.verywellmind.com/how-to-cope-with-fomo-4174664

Emotional Intelligence for Sports Coaches & Athletes | RocheMartin. (n.d.). Www.rochemartin.com. Retrieved September 17, 2022, from https://www.rochemartin.com/emotional-intelligence-sports

Emotional intelligence in sports: The game within the game - BelievePerform - The UK's leading Sports Psychology Website. (2013, May 24). BelievePerform - the UK's Leading Sports Psychology Website. https://believeperform.com/emotional-intelligence-in-sports-the-game-within-the-game/

EndurElite. (n.d.). *5 Powerful Exercises for Increasing Your Competitive Confidence.* EndurElite. Retrieved September 17, 2022, from https://endurelite.com/blogs/free-nutrition-supplement-and-training-articles-for-runners-and-cyclists/5-powerful-exercises-for-increasing-your-competitive-confidence

Fear of Failure (Atychiphobia): Causes & Treatment. (n.d.). Cleveland Clinic.

Bibliographie

https://my.clevelandclinic.org/health/diseases/22555-atychiphobia-fear-of-failure

Fear of Failure: Causes & 5 Ways to Cope with Atychiphobia. (n.d.). Choosing Therapy. https://www.choosingtherapy.com/fear-of-failure/

Fixed versus growth intelligence mindsets: It's all in your head, Dweck says | Stanford News Release. (2007, February 7). Stanford.edu. https://news.stanford.edu/pr/2007/pr-dweck-020707.html

Ford, J., Ildefonso, K., Jones, M., & Arvinen-Barrow, M. (2017). *Sport-related anxiety: current insights.* Open Access Journal of Sports Medicine, Volume 8(1), 205–212. https://doi.org/10.2147/oajsm.s125845

Forrester, N. W. (2019, February 22). *How Olympians train their brains to become mentally tough.* The Conversation. https://theconversation.com/how-olympians-train-their-brains-to-become-mentally-tough-92110

Frollo, J. (n.d.). *7 mistakes many athletes don't recognize until they get older.* Blogs.usafootball.com. https://blogs.usafootball.com/blog/694/7-mistakes-many-athletes-don-t-recognize-until-they-get-older

Giandonato, J. (2022, February 10). *The 6 Worst Mistakes Football Players Make in the Off-Season.* Stack. https://www.stack.com/a/off-season-football-mistakes/

Godwin, R. (2019, April 7). *Age is no barrier: meet the world's oldest top athletes.* The Guardian; The Guardian. https://www.theguardian.com/global/2019/apr/07/age-is-no-barrier-meet-the-worlds-oldest-top-athletes

Gupta, S., & Mccarthy, P. (n.d.). *Sporting resilience during CoVid-19: What is the nature of this adversity and how are competitive-elite athletes adapting?* https://doi.org/10.3389/fpsyg.2021.611261

Haden, J. (2014, July 23). *7 Habits of People With Remarkable Mental Toughness.* Inc.com. https://www.inc.com/jeff-haden/7-habits-of-people-with-remarkable-mental-toughness.html

Hamilton, A. (2017, February 17). *Sports psychology: self-confidence in sport – make your ego work for you!* Sports Performance Bulletin. https://www.sportsperformancebulletin.com/endurance-psychology/coping-with-emotions/sports-psychology-self-confidence-sport-make-ego-work/

Happy Anxiety: Feeling Anxious About Things You're Excited About. (2019, October 7). Healthline. https://www.healthline.com/health/i-feel-anxious-about-things-i-enjoy#1

How To Cope With Sport Performance Anxiety - Tips And Advice. (2021, July 14). Forth Edge. https://www.forthedge.co.uk/knowledge/how-to-cope-with-sport-performance-anxiety/

Bibliographie

How to do visualization effectively for sports. (2014, December 23). Mental Toughness Trainer. https://www.mentaltoughnesstrainer.com/visualization-techniques-for-sports/

How to Overcome Fear of Failure | Indeed.com. (2019). Indeed.com. https://www.indeed.com/career-advice/career-development/how-to-overcome-fear-of-failure

https://www.facebook.com/jamesclear, & Clear, J. (2013, April 11). *The Science of Developing Mental Toughness in Health*, Work, and Life. James Clear. https://jamesclear.com/mental-toughness

InnerDrive. (n.d.). *9 Ways Olympians Develop Resilience.* Blog.innerdrive.co.uk. https://blog.innerdrive.co.uk/9-ways-olympians-develop-resilience

Institute for Health and Human Potential. (2019). *What Is Emotional Intelligence, Daniel Goleman.* IHHP. https://www.ihhp.com/meaning-of-emotional-intelligence/

Kopp, A., & Jekauc, D. (2018). *The Influence of Emotional Intelligence on Performance in Competitive Sports: A Meta-Analytical Investigation.* Sports, 6(4), 175. https://doi.org/10.3390/sports6040175

Lawton, J. (2021, June 22). *Managing Athlete FOMO.* TrainingPeaks. https://www.trainingpeaks.com/coach-blog/managing-athlete-fomo/

Loder, V. (n.d.). *How To Conquer The Fear Of Failure - 5 Proven Strategies.* Forbes. Retrieved September 17, 2022, from https://www.forbes.com/sites/vanessaloder/2014/10/30/how-to-move-beyond-the-fear-of-failure-5-proven-strategies/?sh=7f09012e1b78

Mahaffey, D. (n.d.). Council Post: *Five Ways To Develop A Winning Mindset.* Forbes. Retrieved September 17, 2022, from https://www.forbes.com/sites/forbescoachescouncil/2017/09/22/five-ways-to-develop-a-winning-mindset/?sh=e5a00444ca2a

Mariama-Arthur, K. (2016, January 25). *Why Every Leader Needs Mental Toughness.* Entrepreneur. https://www.entrepreneur.com/leadership/why-every-leader-needs-mental-toughness/250989

Mariama-Arthur, K. (2017, February 24). *Why Mindset Mastery Is Vital to Your Success.* Entrepreneur. https://www.entrepreneur.com/leadership/why-mindset-mastery-is-vital-to-your-success/285466

Mental Edge: Fear is an athlete's worst enemy. (2019, January 31). USA TODAY High School Sports. https://usatodayhss.com/2019/mental-edge-fear-is-an-athletes-worst-enemy

Mental Toughness Training for Athletes. (2016, March 17). Mental Toughness

Bibliographie

Training for Athletes. Sports Psychology Articles. https://www.peaksports.com/sports-psychology-blog/mental-toughness-training-athletes/

Metrifit. (2020, March 5). *Self Confidence and Performance. Metrifit Ready to Perform.* https://metrifit.com/blog/good-preparation-breeds-confidence/

Milani, J. (2019, April 4). *The Power of Mindset on Sports Performance.* Www.sportsmd.com. https://www.sportsmd.com/2019/04/04/the-power-of-mindset-on-sports-performance/

Mind Tools Content Team. (2009). *Overcoming Fear of FailureFacing Fears and Moving Forward.* Mindtools.com. https://www.mindtools.com/pages/article/fear-of-failure.htm

Mindset: ¿Qué es y para qué sirve? (n.d.). Https://Www.crehana.com. Retrieved September 17, 2022, from https://www.crehana.com/blog/negocios/mindset/

Morin, A. (2019, November 21). *10 Exercises That Will Help You Develop the Mental Strength You Need to Crush Your Goals.* Inc.com. https://www.inc.com/amy-morin/10-exercises-that-will-help-you-develop-mental-strength-you-need-to-cr.html

Olympians Use Imagery as Mental Training. (2014, February 22). The New York Times. https://www.nytimes.com/2014/02/23/sports/olympics/olympians-use-imagery-as-mental-training.html

Peppercorn, S. (2018, December 10). *How to Overcome Your Fear of Failure.* Harvard Business Review. https://hbr.org/2018/12/how-to-overcome-your-fear-of-failure

Prabhu, U. (2022, June 25). *Where the Head goes; Body follows.* Medium. https://medium.com/@urmilastories503/where-the-head-goes-body-follows-2c50d7de6562

Quinn, E. (2018). *Visualization and mental rehearsal can improve athletic performance.* Verywell Fit. https://www.verywellfit.com/visualization-techniques-for-athletes-3119438

Quinn, E. (2021, June 11). *How Keeping a Positive Attitude Can Improve Sports Performance.* Verywell Fit. https://www.verywellfit.com/attitude-and-sports-performance-3974677

Resilience and Overcoming Performance Errors | Sports Psychology Today - Sports Psychology. (2014, July 11). Www.sportpsychologytoday.com. https://www.sportpsychologytoday.com/sport-psychology-for-athletes/resilience-and-overcoming-performance-errors/

Rice, S. M., Gwyther, K., Santesteban-Echarri, O., Baron, D., Gorczynski, P., Gouttebarge, V., Reardon, C. L., Hitchcock, M. E., Hainline, B., & Purcell,

R. (2019). *Determinants of anxiety in elite athletes: a systematic review and meta-analysis*. British Journal of Sports Medicine, 53(11), 722–730. https://doi.org/10.1136/bjsports-2019-100620

Rodriguez-Romo, G., Blanco-Garcia, C., Diez-Vega, I., & Acebes-Sánchez, J. (2021). *Emotional Intelligence of Undergraduate Athletes: The Role of Sports Experience*. Frontiers in Psychology, 12. https://doi.org/10.3389/fpsyg.2021.609154

Rovello, J. (2016, August 23). *5 Ways Katie Ledecky, Michael Phelps, and Other Olympians Visualize Success*. Inc.com. https://www.inc.com/jessica-rovello/five-steps-to-visualize-success-like-an-olympian.html

S.L, S. C. A., & Coordinador. (2021, April 11). *How to respond to athletes' mistakes*. SportCoach. https://sportcoach.es/en/how-to-respond-to-athletes-mistakes/

Segal, J., Smith, M., Robinson, L., & Shubin, J. (2019). *Improving Emotional Intelligence (EQ)*. HelpGuide.org. https://www.helpguide.org/articles/mental-health/emotional-intelligence-eq.htm

Self Confidence. (n.d.). Www.brianmac.co.uk. https://www.brianmac.co.uk/selfcon.htm

src="https://secure.gravatar.com/avatar/7bb80e48b9bcb1a4b267e5bc973ed817?s=96, img class="avatar" alt="Steve M., #038;d=mm, Jun. 23, 038;r=g" width="50" height="50">Steve M., & 2022. (n.d.). *10 Worst Mistakes in Sports History*. Reader's Digest. Retrieved September 17, 2022, from https://www.rd.com/list/5-worst-mistakes-in-sports-history/

Swaim, E. (2022, March 9). *Why Sports Anxiety Happens and How to Cope*. Healthline. https://www.healthline.com/health/sports-performance-anxiety

Tank, A. (2019, September 6). *How to learn to embrace your anxiety (and turn it into excitement)*. Fast Company. https://www.fastcompany.com/90399444/how-to-learn-to-embrace-your-anxiety-and-turn-it-into-excitement

The Fine Line Between Anxiety and Excitement. (n.d.). Thriveglobal.com. https://thriveglobal.com/stories/the-fine-line-between-anxiety-and-excitement/

The Fine Line Between Fear and Excitement — And How to Cross It. (n.d.). Www.linkedin.com. https://www.linkedin.com/pulse/fine-line-between-fear-excitement-how-cross-dani-hao/

The Top 10 - The Biggest Mistakes Endurance Athletes Make. (n.d.). Hammer Nutrition. Retrieved September 17, 2022, from https://hammernutrition.-

com/blogs/essential-knowledge/10-biggest-mistakes-endurance-athletes-make?_pos=1&_psq=10+biggest&_ss=e&_v=1.0

Top 7 Tips: Beginners Visualization Techniques. (2019, August 21). EnVision. https://envision.app/2019/08/21/top-7-beginner-tips-visualization-techniques/

Vallabhjee, S. (2020, August 5). *How Athletes Can Conquer Sports Performance Anxiety.* I Am Herbalife Nutrition – Achieve Inspiring Results. https://iam-herbalifenutrition.com/fitness/sports-performance-anxiety/

Vickers, E. (2014, April 28). *Pressure in sport: How real is it?* - Believe Perform - The UK's leading Sports Psychology Website. Believe Perform - the UK's Leading Sports Psychology Website. https://believeperform.com/pressure-in-sport-how-real-is-it/

Visualization and Guided Imagery Techniques for Stress Reduction. (2015). Mentalhelp.net. https://www.mentalhelp.net/stress/visualization-and-guided-imagery-techniques-for-stress-reduction/

West, C. (2018, November 4). *Emotional Intelligence in Sports: How Does it Help...* Exploring Your Mind; Exploring your mind. https://exploringyourmind.com/emotional-intelligence-in-sports-help-you/

What is Mental Toughness? (n.d.). Www.mentaltoughness.partners. https://www.mentaltoughness.partners/what-is-mental-toughness/

Whitener, S. (n.d.). Council Post: *Anxiety Vs. Relaxation: Relabeling Anxiety As Excitement.* Forbes. Retrieved September 17, 2022, from https://www.forbes.com/sites/forbescoachescouncil/2021/04/07/anxiety-vs-relaxation-relabeling-anxiety-as-excitement/?sh=123f304c7afd

Why Fear of Failure Leads to Tentative Play. (2010, April 28). *Why Fear of Failure Leads to Tentative Play.* Sports Psychology Articles. https://www.peaksports.com/sports-psychology-blog/why-fear-of-failure-leads-to-tentative-play/

Willis, Z. (2019, October 9). *Kevin Love and 6 Other Athletes Who Struggle With Anxiety.* Sportscasting | Pure Sports. https://www.sportscasting.com/kevin-love-and-6-other-athletes-whove-struggled-with-anxiety/

Winning Mentality: 10 Secrets To Developing & Maintaining It. (2021, September 28). Wealthfulmind.com. https://wealthfulmind.com/winning-mentality-secrets-to-developing-it/

www.ingramcontent.com/pod-product-compliance
Lightning Source LLC
Chambersburg PA
CBHW071350080526
44587CB00017B/3038